studio [21]

Intensivtraining

mit Audio-CD
und Extraseiten
für Integrationskurse

A2

Deutsch als Zweitsprache

von Rita von Eggeling

studio [21]
Intensivtraining A2 mit Audio-CD und Extraseiten für Integrationskurse
Deutsch als Zweitsprache

Herausgegeben von Hermann Funk und Christina Kuhn
Im Auftrag des Verlages erarbeitet von Rita von Eggeling und Gunther Weimann

In Zusammenarbeit mit der Redaktion:
Andrea Finster, Berlin
Gertrud Deutz (Redaktionsleitung)

Illustrationen: Andrea Naumann: S. 15, 27, 28, 35, 59, 60, 80, 94; Andreas Terglane
Technische Umsetzung: zweiband.media, Berlin
Umschlaggestaltung und Layout: Klein & Halm Grafikdesign, Berlin

Informationen zum Lehrwerksverbund **studio [21]** finden Sie unter www.cornelsen.de/studio21.

www.cornelsen.de

1. Auflage, 2. Druck 2017

Alle Drucke dieser Auflage sind inhaltlich unverändert und können im Unterricht nebeneinander verwendet werden.

© 2015 Cornelsen Schulverlage GmbH, Berlin
© 2017 Cornelsen Verlag GmbH, Berlin

Druck: Athesiadruck GmbH

ISBN: 978-3-06-520381-4

PEFC zertifiziert
Dieses Produkt stammt aus nachhaltig bewirtschafteten Wäldern und kontrollierten Quellen.
www.pefc.de

PEFC/18-31-166

Inhalt

Willkommen in A2

1 **Brücken verbinden Menschen und Kulturen**

a) **Lesen Sie und ergänzen Sie im Text am Ende die Lösung.**

Nicht nur Brücken aus Holz, Stein oder Metall verbinden Menschen und Kulturen. Es gibt noch andere Verbindungen. Man braucht für diese Brücken auch keinen Ingenieur oder Bauarbeiter. Man kann nicht über sie gehen oder fahren, aber man kann mit ihnen sehr gut reisen. Sie „leben", denn sie bleiben nicht immer gleich und viele existieren heute schon gar nicht mehr.

Manche heißen „Inseln", aber sie liegen nicht im Wasser. Sie sind ganz anders als alle ihre Nachbarn. Insgesamt gibt es heute etwa 6500. Die meisten ,leben' in einer von 180 Familien und eine von ihnen ist unsere Mutter. Einen Vater gibt es nicht. Die meisten anderen kennen wir nicht. Zum Glück können wir sie lernen. Manchmal ist das aber gar nicht so einfach, denn es gibt viele verschiedene Zeichen und Systeme und jede hat etwas andere Regeln.

Mit ihnen organisieren wir Menschen unser ganzes Leben. Wir brauchen sie jeden Tag zu Hause, unterwegs, in der Schule und im Beruf für den „Transport" von Informationen, Geschichten und Gefühlen. Und wir brauchen nicht nur eine, denn nur so können wir mit Menschen aus anderen Ländern kommunizieren und uns verstehen. .... sind sehr wichtige Brücken. Sie verbinden Menschen und Kulturen. Schön, dass Sie Deutsch lernen!

b) **Lesen Sie die Definitionen und ergänzen Sie passende Wörter aus dem Text.**

1. Sprach .... *die;*-n: Das ist der Name für eine Gruppe von Sprachen. Chinesisch ist z. B. nicht in der Gruppe mit Deutsch und Niederländisch. Die Zeichen sehen ganz anders aus!

2. .... sprache *die;* -n: Diese Sprache sprechen alle Menschen, aber sie ist nicht immer gleich. Wir lernen sie schon als Kind.

3. Sprach .... *die;* -n: Die Muttersprache in dieser Region kommt aus einer anderen Familie als in den Nachbarregionen. In Südosteuropa leben zum Beispiel in der Region Banat in Rumänien Menschen mit Deutsch als Muttersprache. Ihre Familien sind schon vor über 200 Jahren aus Österreich und Süddeutschland gekommen und sie sprechen immer noch Deutsch. Die Landessprache ist aber Rumänisch.

2 Berufsbilder aus studio [21]

a) Wer macht was? Ergänzen Sie die Verben.
Kreuzen Sie dann zu jedem Beruf zwei Tätigkeiten an.

	beraten – ~~bestellen~~ – bringen – helfen – leiten – kontrollieren – ~~machen~~ – planen – schreiben – verkaufen

		Sekretär/in	Koch/Köchin	Krankenpfleger/in	Fitnesstrainer/in	Verkäufer/in
1.	Sportkurse	☐	☐	☐	☐	☐
2.	Lebensmittel *bestellen*	☐	☐	☐	☐	☐
3.	Essen	☐	☐	☐	☐	☐
4.	Kleidung	☐	☐	☐	☐	☐
5.	Sportgeräte	☐	☐	☐	☐	☐
6.	Kunden	☐	☐	☐	☐	☐
7.	Patienten	☐	☐	☐	☐	☐
8.	Menüs	☐	☐	☐	☐	☐
9.	E-Mails	☐	☐	☐	☐	☐
10.	Termine *machen*	☐	☐	☐	☐	☐

b) Wo arbeiten die Personen? Suchen Sie die anderen vier Arbeitsorte und schreiben Sie die Nomen mit Artikel und Pluralform.

```
F  I  T  N  E  S  S  S  T  U  D  I  O
T  K  T  T  U  P  R  E  S  G  V  I  K
B  R  E  S  T  A  U  R  A  N  T  O  M
D  A  Y  V  V  I  S  T  D  W  U  G  K
E  N  X  E  E  S  C  H  M  F  L  E  Ö
S  K  G  P  E  R  S  T  J  R  T  S  M
V  E  V  S  S  B  Ü  R  O  K  L  C  T
U  N  K  H  A  U  M  N  B  O  R  H  A
A  H  N  N  O  P  Q  Z  T  E  R  Ä  N
W  A  L  L  U  C  H  M  I  E  R  F  E
N  U  M  M  A  L  A  M  D  E  R  T  B
P  S  T  R  E  C  H  S  C  H  A  F  E
```

das Krankenhaus, "-er ....

....

....

....

....

3 Was machen Sie beruflich? Drei Personen erzählen. Ordnen Sie die Texte den Berufen zu.

a ☐ Köchin   **b** ☐ Krankenpflegerin   **c** ☐ Sekretärin   **d** ☐ Lehrerin

e ☐ Trainerin   **f** ☐ Taxifahrerin   **g** ☐ Frisörin

1 Menschen ohne Arbeit und freie Arbeitsplätze – Wie passt das zusammen?

a) Markieren Sie im Text alle Gründe für die Probleme auf dem Arbeitsmarkt.

Agentur für Arbeit

Auch in Deutschland gibt es viele Menschen ohne Arbeit. Aber es gibt noch ein anderes Problem. Die Bundesagentur für
5 Arbeit hat in ganz Deutschland freie Arbeitsplätze, zum Beispiel für Ingenieure oder für Krankenpfleger und Ärzte. ==Es fehlen Menschen mit einer Ausbildung
10 in diesen Berufen.==

Jochen M. kennt das Problem. Er hat eine Firma auf dem Land und braucht Ingenieure und Techniker aus der Energietechnik. Die
15 Suche nach guten Mitarbeitern ist gar nicht so einfach. Viele Interessierte möchten nicht in ein Dorf oder eine Kleinstadt umziehen. Jochen M. meint, „In
20 Deutschland gibt es nicht genug Frauen in technischen Berufen. Viele gut ausgebildete Ausländer und Ausländerinnen sehen ihre Job-Chance in Deutschland.

25 Aber leider bekommen Leute aus dem Ausland oft keine Arbeitserlaubnis. Das muss anders werden."

Klara S. aus Berlin sieht das
30 genauso. Sie ist Personalchefin bei einem großen Pflegedienst. In der Hauptstadt gibt es viele kranke und ältere Menschen.

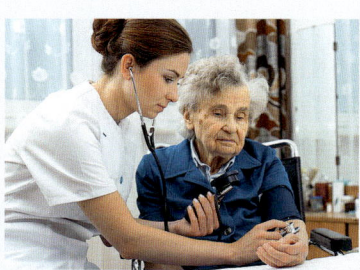

Sie oder ihre Familien brauchen oft Hilfe. Die Arbeit in der Pflege
35 ist nicht immer einfach und in den Pflegeberufen verdient man auch nicht sehr gut. „Seit ein paar Jahren arbeiten immer
40 mehr Frauen und Männer aus dem Ausland bei uns. Sie müssen den Beruf gelernt haben, eine Arbeitserlaubnis haben und Deutsch können. Am
45 Anfang haben manche bei der Arbeit noch Probleme mit der Sprache. Wir brauchen sie aber wirklich und wollen sie nicht verlieren. Deshalb organisieren
50 wir seit einigen Jahren Deutschkurse für sie. Das war eine richtige Entscheidung.", sagt die Personalchefin.

In einigen Bundesländern fehlen
55 auch Ärzte, besonders auf dem Land, weiß Prof. Brenner von der medizinischen Fakultät der Universität Kiel. „Viele junge Ärzte wollen lieber im Ausland als auf
60 dem Land in Deutschland arbeiten. Dort verdienen sie auch mehr. Immer mehr Arztpraxen auf dem Land müssen schließen.", sagt er. Aber es gibt in
65 Deutschland auch immer mehr Mediziner aus dem Ausland. Viele von ihnen haben schon in Deutschland studiert. Sie haben die Sprache gelernt, Freunde
70 gefunden und möchten gerne im Land bleiben. „Diese Kollegen und Kolleginnen sind bei uns herzlich willkommen.", meint Prof. Brenner.

b) Warum? Lesen Sie den Text noch einmal. Ordnen Sie den Fragen die Sätze a–e zu und schreiben Sie Antworten mit *weil* in Ihr Heft.

1. [b] Warum gibt es freie Stellen auf dem deutschen Arbeitsmarkt?

> *Weil viele Menschen ohne Arbeit nicht ...*

2. ☐ Warum gehen viele junge deutsche Ärzte ins Ausland?

3. ☐ Warum hat Jochen M. Probleme bei der Suche nach Mitarbeitern?

4. ☐ Warum organisiert der Pflegedienst in Berlin Deutschkurse für ausländische Mitarbeiter?

5. ☐ Warum arbeiten nicht mehr Deutsche in Pflegeberufen?

a Die Firma ist auf dem Land.
b Viele Menschen ohne Arbeit haben nicht die richtige Ausbildung für die freien Stellen.
c Die Arbeit ist manchmal hart und man verdient in den Berufen nicht viel Geld.
d Viele haben am Anfang im Beruf noch Probleme mit der Sprache.
e Sie möchten nicht auf dem Land leben.

2 **Zu spät**

a) **Lesen Sie die Antworten und schreiben Sie passende Fragen.**

💬 Ich warte schon seit einer Stunde. *Warum kommst du zu spät?*

🐚 Weil ich den Bus verpasst habe.

💬 *Warum hast du* ?

🐚 Weil der Deutschkurs so lange gedauert hat.

💬 ?

🐚 Das ist doch jetzt egal.

💬 *Und warum hast du* ?

🐚 Weil ich deine Telefonnummer nicht hatte.

💬 ?

💬 Weil ich mein Handy verloren habe. Und jetzt frag´ bitte nicht, warum!

🔊 03 **b)** **Hören Sie den Dialog und vergleichen Sie Ihre Lösung aus a).**

🔊 04 **c)** **Hören Sie jetzt nur die Fragen. Antworten Sie und achten Sie auf die Intonation.**

3 **Mama lernt Deutsch – Papa auch.** **Schreiben Sie Sätze mit** *weil.*

1. In Deutschland leben viele Familien aus dem Ausland. Oft sprechen die Mütter nur wenig oder gar kein Deutsch. <u>Sie haben nur wenig Kontakt zu Deutschen.</u>

Oft sprechen die Mütter nur wenig oder gar kein Deutsch, *weil sie nur wenig Kontakt zu*

Deutschen haben.

2. Die Mütter können den Kindern oft nicht bei Problemen mit den Hausaufgaben helfen. <u>Sie verstehen die Sprache nicht.</u>

Oft können die Mütter nicht bei den Hausaufgaben helfen,

3. <u>Besonders die Mütter von Schulkindern brauchen Hilfe.</u> In vielen Bundesländern gibt es seit 2003 das Projekt „Mama lernt Deutsch".

Seit 2003 gibt es das Projekt „Mama lernt Deutsch",

4. Der Unterricht ist ein halbes Jahr lang zweimal pro Woche am Vormittag. <u>Die meisten Kinder sind am Vormittag in der Schule.</u>

Der Deutschunterricht ist vormittags,

4 Mein Weg nach Deutschland

05

a) Mit wem spricht Esperanza? Hören Sie das Gespräch und kreuzen Sie an.

a ☐ mit ihrer Deutschlehrerin   **b** ☐ mit einer Kollegin   **c** ☐ mit einer Personalchefin

b) Hören Sie das Gespräch noch einmal und bringen Sie die Stationen in die richtige Reihenfolge.

a ☐ den Arbeitsplatz verloren   **c** ☐ nach Berlin umgezogen   **e** ☐ ein Praktikum gemacht
b ☐ das Studium abgeschlossen   **d** ☐ Deutsch gelernt   **f** ☐ Arbeit gesucht

c) Warum…? Lesen Sie die Fragen, hören Sie noch einmal und schreiben Sie Antworten.

1. Esperanza hat in Spanien an der Universität Deutsch gelernt, *weil* ....

....

2. Sie hatte gleich nach dem Praktikum im *Mirasol* sofort Arbeit, *weil das Hotel* ....

....

3. Dann kam die Krise und die Miete war ein Problem, ...

....

4. Esperanza ist nach Berlin umgezogen, ...

....

5. Bald möchte sie zurück nach Spanien fliegen, ...

....

6. Sie meint, sie kann dort im Sommer Arbeit finden, ...

....

5 Adjektive wiederholen

a) Ergänzen Sie das Gegenteil.

alt – gesund – gut - interessant – klein – lang – leicht – schnell – teuer – wenig

1. groß – ....   **6.** langweilig – ....

2. kurz – ....   **7.** schwer – ....

3. neu – ....   **8.** langsam – ....

4. krank – ....   **9.** viel – ....

5. billig – ....   **10.** schlecht – ....

b) Hören Sie die Adjektivpaare und lesen Sie laut mit.

06

Lerntipp
Adjektive lernt man am besten in Paaren!

6 **Komparativ. Ergänzen Sie wie im Beispiel.**

1. Eva arbeitet bei Bosch in Stuttgart. Sie ist zu Fuß <u>schnell</u> in der Firma,

   aber mit dem Fahrrad ist sie _schneller_ da.

2. Sie spricht <u>gut</u> Chinesisch, aber .... Englisch.

3. Sie macht <u>viele</u> Geschäftsreisen nach England, aber .... Reisen
   nach Asien.

4. Sie arbeitet <u>oft</u> im Ausland, aber .... am Computer in ihrem Büro.

5. Sie hat <u>wenig</u> Zeit für ihre Freunde und sie hat noch ....
   Zeit für Sport.

6. In ihrer Freizeit geht Eva <u>gern</u> ins Theater, aber .... ins Kino.

7 **Vergleiche mit *als*. Welche Adjektive aus 5 passen?**

1. Ein Haus ist _teurer als_ eine Wohnung.

2. Salat ist .... Pommes.

3. Die Bosporus-Brücke ist .... die Krämerbrücke in Erfurt.

4. Ein Wasser kostet oft .... als ein Bier.

5. Ein eBook ist .... als ein Buch.

6. Ein Auto fährt .... ein Bus.

7. Der Weg von München nach Leipzig ist .... der Weg von München
   nach Berlin.

8 **Superlative. Ergänzen Sie die Sätze wie im Beispiel.**

1. schnell: 💬 Ich habe gehört, der Windhund ist _das schnellste_ Tier auf dem Land.

   🖐 Nein, das stimmt nicht. Der Gepard ist _am schnellsten_.

   💬 Bist du sicher?

2. groß: 💬 Ist Australien die .... Insel der Welt?

   🖐 Von allen Inseln ist Grönland .... Australien ist ein Kontinent.

   💬 Ach, das wusste ich nicht.

3. kurz: 💬 Der .... Weg von München nach Italien führt durch die

   Schweiz.

   🖐 So ein Quatsch! Der Weg über Österreich ist ....

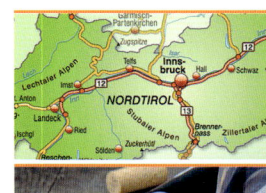

4. gut: 💬 Mir schmeckt der Wein aus Frankreich ....

   🖐 Das sehe ich anders. Der .... Wein kommt aus Kalifornien!

5. langweilig: 💬 Endlich! Das war der .... Film in meinem ganzen Leben.

   🖐 Findest du? Für mich war Titanic ....

   💬 Warum das denn? Der war doch toll!

9 **Wünsche.** Welches Verb passt zu den Wörtern aus Einheit 1? Ergänzen Sie *haben* oder *machen.*

1. Ich komme aus Vietnam und *habe* viele **Wünsche**: Ich möchte einen **Intensivkurs** .... und richtig gut Deutsch lernen. Dann möchte ich mehr **Kontakt** zu Deutschen in meinem Alter ...., hier Biologie studieren und ein gutes **Examen** .... Später möchte ich im Beruf **Erfolg** ....

2. Ich habe in Marokko in der Werkstatt von meinem Onkel meinen Beruf gelernt. Ich bin Mechatroniker und möchte einfach nur eine **Chance** auf dem deutschen Arbeitsmarkt .... Vielleicht .... ich bald ein **Praktikum** in einem großen Autohaus. Ich .... eine **Arbeitserlaubnis**, aber ich .... leider auch das **Gefühl**, man braucht mich hier nicht wirklich.

10 **Michael Sommer lernt eine neue Kollegin kennen.**

a) **Ordnen Sie den Dialog.**

- 💬 ☐ Ich bin auch erst gestern Abend aus Hongkong zurückgekommen.
- 💬 ☐ Ich spreche Englisch und lerne noch Chinesisch. Und Sie?
- 💬 ⬚1⬚ Hallo. Sind Sie neu hier?
- 💬 ☐ Marketing. Ich organisiere den Verkauf in Asien.
- 💬 ☐ Ich heiße Michael Sommer. Willkommen in der Firma!
- 💬 ☐ Wohin denn?

- 🗨 ☐ Vielen Dank! In welcher Abteilung arbeiten Sie?
- 🗨 ☐ Nach Osteuropa. Das ist aber nicht so weit. Sprechen Sie viele Sprachen?
- 🗨 ⬚2⬚ Ja, ich habe vor einer Woche angefangen. Mein Name ist Elena Krawietz.
- 🗨 ☐ Neben Deutsch spreche ich noch Polnisch, das ist meine Muttersprache, Englisch und Russisch.
- 🗨 ☐ Das ist ja interessant. Ich muss auch bald viel reisen.
- 🗨 ☐ Marketing? Das ist auch meine Abteilung. Ich habe Sie aber noch nie hier gesehen.

 b) **Hören Sie und vergleichen mit Ihrer Lösung in a).**
07

11 Das schönste deutsche Wort

a) Sehen Sie sich noch einmal Seite 21 im Kursbuch an. Finden Sie zu jedem Wort zwei Erklärungen. Ordnen Sie dort das passende Wort zu.

a Rascheln c die Pusteblume e Kichererbse
b Sommerregen d Sternschnuppe f Rhabarbermarmelade

1 Manchmal kann man nachts am Himmel ganz kurz einen hellen Streifen sehen. Das ist dann oft eine ☑d

2 ☐ ist eine harte Frucht. Sie ist in vielen Ländern wie zum Beispiel in Indien, Marokko oder Ägypten ein wichtiges Lebensmittel.

3 Die ☐ ist etwas sauer, aber viele Menschen mögen sie sehr gern. Sie essen sie zum Beispiel zum Frühstück auf Brot.

4 Eine ☐ ist ziemlich selten. Manche Menschen glauben, sie bringt Glück. Man darf sich etwas wünschen, aber man darf den Wunsch nicht laut sagen.

5 ☐ beschreibt einen leisen Ton. Man hört ihn zum Beispiel beim Öffnen der Seiten in einem Buch.

6 Der ☐ ist besonders schön, weil das Wasser die Pflanzen in Parks und Gärten frisch macht. Danach liegt ein besonders guter Geruch in der Luft.

7 Man kann die ☐ nicht im Blumengeschäft kaufen, aber man sieht sie im Frühling oft in der Natur, zum Beispiel an der Straße. Sie ist zuerst gelb und später weiß.

8 Das Wort ☐ klingt lustig, weil kichern ein anderes Wort für lachen ist.

9 Nicht alle Menschen mögen ☐. Aber das Wort mit den vielen Rs hat einen besonders schönen Klang.

10 Viele Kinder finden die ☐ toll. Sie halten sich die Blume vor den Mund und pusten. Dann fliegen viele kleine weiße „Blumen" durch die Luft. Das sieht lustig aus.

11 In dieser Jahreszeit ist es oft heiß. Natur und Menschen brauchen dann Wasser und freuen sich über den ☐.

12 Im Herbst verlieren die Bäume das Laub. Das ☐ beim Gehen hört sich schön an.

b) Ordnen Sie jetzt den Fotos die Wörter aus a) zu.

1 ☐

2 ☐

3 ☐

4 ☐

5 ☐

6 ☐

1 Leben in Deutschland

1 Integrationskurse – Deutsch lernen

a) Lesen Sie die Internetseite von der Volkshochschule und ordnen Sie die Überschriften zu.

> a Beratung und Anmeldung – b Deutsch lernen und dazugehören – c Unser Kursangebot und aktuelle Termine

Startseite	Kurse	Info	Prüfungen/ Zertifikate	Über uns

1. ☐

Sie leben jetzt in Deutschland, aber Sie sprechen noch nicht sehr gut Deutsch? Sie möchten gern hier arbeiten, mit ihren Nachbarn und Arbeitskollegen sprechen oder selbstständig zu Behörden gehen?
5 Dann kommen Sie zu uns. Wir haben den richtigen Integrationskurs für Sie. Bei uns können Sie die deutsche Sprache mit und ohne Vorkenntnisse lernen. Wir bereiten Sie auf den Einbürgerungstest oder den Deutschtest für Zuwanderer (DTZ) vor.

2. ☐

10 Sie können wählen zwischen Teilzeitkursen mit zwei Terminen pro Woche (2 x 2 Unterrichtsstunden) und Intensivkursen mit täglich vier Unterrichtsstunden. Die Intensivkurse haben 240 Unterrichtseinheiten und dauern zwölf Wochen. Sie starten im Januar,
15 April und September. Beginnen Sie auf Niveau A1? Dann können Sie in zwölf Monaten das Niveau B1 erreichen und den Deutschtest für Zuwanderer machen. Lehrwerke: Die Kosten für Bücher sind in der Kursgebühr nicht enthalten.

3. ☐

20 Vereinbaren Sie einen Termin und kommen Sie zur Beratung mit unseren Mitarbeitern und Mitarbeiterinnen. Sie müssen sich persönlich bei uns anmelden. Wir sind von Montag bis Freitag von 14 bis 17 Uhr für Sie da. Wir freuen uns auf Sie. Bitte bringen Sie folgende Dokumente mit: Reisepass und die Teilnahmeberechtigung oder Teilnahmeverpflichtung von der Ausländerbehörde oder der Arbeitsagentur.

Unsere nächsten Deutschkurse für Anfänger und Fortgeschrittene, für Eltern, für Flüchtlinge
25 **beginnen im September.**

b) Lesen Sie die Internetseite noch einmal und kreuzen Sie an: richtig oder falsch? Bei den richtigen Aussagen ergänzen Sie die Zeilennummern.

	richtig	falsch	Zeile
1. Die Integrationskurse sind nur für Menschen ohne Deutschkenntnisse.	☐	☐	....
2. Beratungsgespräche finden nur nachmittags statt.	☐	☐	....
3. Man kann sich auch telefonisch anmelden.	☐	☐	....
4. Für die Anmeldung muss man nichts mitbringen.	☐	☐	....
5. In Intensivkursen gibt es 20 Stunden Unterricht pro Woche.	☐	☐	....
6. Die nächsten Kurse beginnen im Herbst.	☐	☐	....
7. Lehrwerke für die Integrationskurse sind kostenlos.	☐	☐	....

2 **In der Volkshochschule.**
08 **Ordnen Sie den Dialog
und kontrollieren Sie mit der CD.**

☐ Also ich habe in Athen vor sechs Monaten die Prüfung Start Deutsch 1 bestanden. Hier ist mein Zertifikat.

☐ Wie viele Stunden Unterricht pro Woche sind das?

1 Guten Tag, bin ich hier richtig? Ich möchte mich für einen Deutschkurs anmelden?

☐ Ja, genau. Wie lange dauert der Kurs?

☐ Das passt mir sehr gut. Und wann beginnt der nächste Kurs?

☐ Mein Name ist Efgenia Pappas. Ich bin Griechin. In Griechenland habe ich schon einen Deutschkurs besucht.

☐ 20 Stunden. Der Unterricht ist täglich von 9.00 bis 12.30 Uhr.

2 Guten Tag. Ja, Sie können sich hier anmelden.

☐ Der nächste Kurs beginnt am 21.09. Haben Sie Ihre Unterlagen dabei und das Geld für den Kurs?

☐ Wissen Sie, auf welchem Sprachniveau Sie sind? A1 oder A2?

☐ Dankeschön. Sie möchten also mit einem A2-Kurs beginnen?

☐ Also, unsere Intensivkurse dauern 12 Wochen.

3 **Wörter in Paaren lernen.** **Was passt zusammen? Verbinden Sie.**

einen Termin	**1**		**a**	vorbereiten
sich zu einem Kurs	**2**		**b**	vereinbaren
eine Prüfung	**3**		**c**	beginnen
sich auf einen Test	**4**		**d**	bestehen
mit einem Kurs	**5**		**e**	anmelden

4 **Interview mit einer Deutschlernerin**

 a) **Hören Sie das Interview. Was ist richtig. a oder b? Kreuzen Sie an.**
09

1. Frau Yilmaz besucht seit sechs **a** ☐ *Monaten* / **b** ☐ *Wochen* einen Intensivkurs.
2. Sie lernt jeden Tag **a** ☐ *nur vormittags* / **b** ☐ *vormittags und nachmittags* Deutsch.
3. **a** ☐ *Partner- und Gruppenarbeit* / **b** ☐ *Grammatik und Texte schreiben* machen ihr Spaß.
4. Nach dem Intensivkurs macht sie den **a** ☐ *DTZ* / **b** ☐ *die B2-Prüfung.*

b) **Und Sie? Schreiben Sie einen Text über Ihre Lernerfahrungen.**

Wie lange? Wo? In Teilzeitkursen oder in Intensivkursen? Was Sie im Unterricht (nicht) gern machen? Prüfungen?

Ich habe einen Deutschkurs in der Türkei gemacht. Das war vor ...

2 Familiengeschichten

1 **Eine Oma für Paul. Lesen Sie den Text. Lösen Sie dann die Aufgaben a) und b).**

Das ist Oma May mit Paul. Paul ist jetzt schon fast drei Jahre alt. Seine Eltern, Martin und Lisa, haben vor fünf Jahren eine Wohnung gekauft und brauchen jeden Monat viel Geld für den Kredit. Leider konnte Lisa lange nicht arbeiten, weil sie keinen Kindergartenplatz für Paul gefunden hat. Aber jetzt geht der Kleine seit ein paar Monaten in den Kindergarten und Lisa arbeitet wieder bei ihrer alten Firma. Am Anfang hat sie nur von acht bis zwölf gearbeitet. Manchmal war Paul krank und Lisa ist früher nach Hause oder gar nicht zur Arbeit gegangen. Das hat ihrem Chef natürlich nicht gefallen.

„Leihoma, 65, möchte nette Kinder betreuen, Tel.: 6673894", haben Pauls Eltern vor ein paar Wochen in der Zeitung gelesen. Sie haben gleich angerufen. Frau May hat Ihnen am Telefon gesagt, dass sie selbst drei Enkelkinder hat. Leider leben sie weit weg. Lisa und Martin haben sie am nächsten Sonntag zum Kaffee eingeladen. Paul hat sich sehr gefreut, weil Frau May gleich mit ihm gespielt hat.

Leihoma, 65, möchte nette Kinder betreuen, Tel.: 667 38 94

Jetzt holt Oma May den Kleinen an vier Tagen in der Woche um zwei Uhr vom Kindergarten ab. Dann gehen sie oft auf den Spielplatz oder in den Park. Bei Regenwetter liest Frau May Paul Kinderbücher vor und Paul malt Bilder oder baut Häuser aus Holz. Um fünf Uhr bringt sie ihn mit dem Fahrrad wieder zu seinen Eltern.

„Endlich haben wir eine gute Lösung gefunden", sagt Pauls Mama Lisa. „Frau May ist eine große Hilfe!" Lisa freut sich besonders, weil sie jetzt von Montag bis Donnerstag den ganzen Tag arbeiten kann und am Freitag frei hat. Dann holt sie Paul im Kindergarten ab und am Wochenende hat auch Martin viel Zeit für ihn. Frau May sagt: „Ich habe endlich wieder etwas zu tun. Bis ich 62 Jahre alt war, habe ich immer gearbeitet. Dann hatte ich oft Langeweile. Jetzt bin ich viel aktiver." Und was sagt Paul? „Oma May ist toll!"

a) Was passt. Verbinden Sie die Sätze.

Lisa und Martin	1	a	spielt sehr gern mit Oma May.
		b	gehen manchmal zusammen auf den Spielplatz.
Paul	2	c	liest Kinderbücher vor.
		d	hat jetzt keine Langeweile mehr.
Frau May, die Leihoma,	3	e	hat keine Geschwister.
		f	sind berufstätig.
Lisa	4	g	haben lange auf einen Kindergartenplatz gewartet.
		h	hatte früher Probleme am Arbeitsplatz.
Martin	5	i	hat Enkelkinder.
		j	arbeitet jetzt vier Tage in der Woche in der Firma.
Oma May und Paul	6	k	hat nur am Wochenende viel Zeit für Paul.

b) **Ergänzen Sie die Sätze wie im Beispiel.**

1. Frau May sagt, _dass sie wieder etwas zu tun hat._
   „Ich habe wieder etwas zu tun."

2. Lisa und Martin sagen, ...
   „Wir brauchen viel Geld für die neue Wohnung."

3. Frau May erzählt, ...
   „Ich habe früher immer gearbeitet."

4. Pauls Eltern sagen, ...
   „Wir haben Oma May in der Zeitung gefunden."

5. Lisa und Martin finden es gut, ...
   „Wir arbeiten beide wieder."

6. Sie sind der Meinung, ...
   „Frau May ist eine große Hilfe!"

7. Und Paul findet, ...
   „Oma May ist toll!"

2 **Opas 80. Geburtstag.** **Hören Sie den Podcast von Hannes. Ergänzen Sie die Namen.**
10

> Anton – Elke – Heinrich – Monika – Rainer – Rolf – Sophie – Stefanie – Susanne

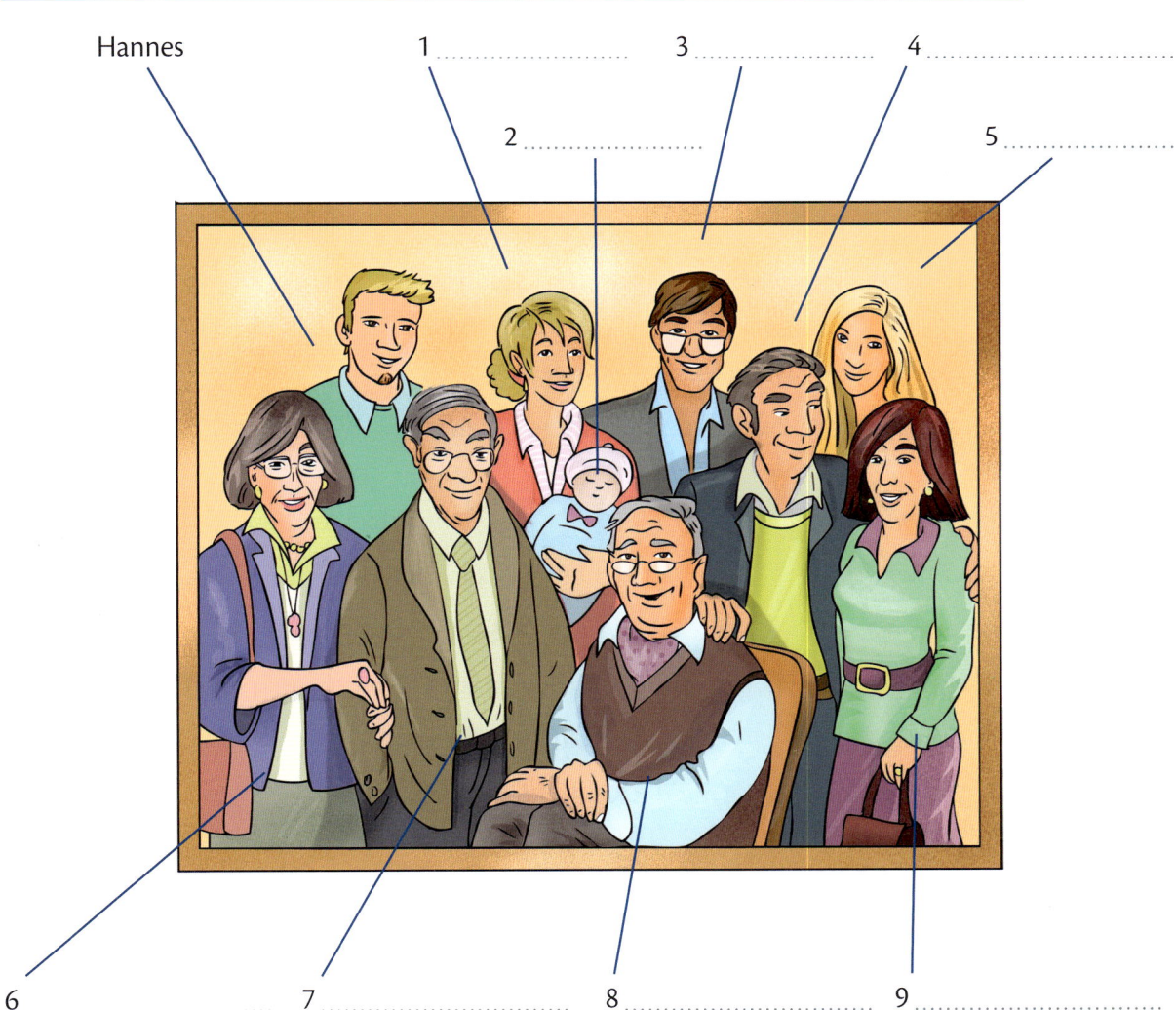

Hannes   1 ....   3 ....   4 ....

2 ....   5 ....

6 ....   7 ....   8 ....   9 ....

3 **Familienwörter**

10

a) Hören Sie noch einmal und ergänzen Sie die Grafik.

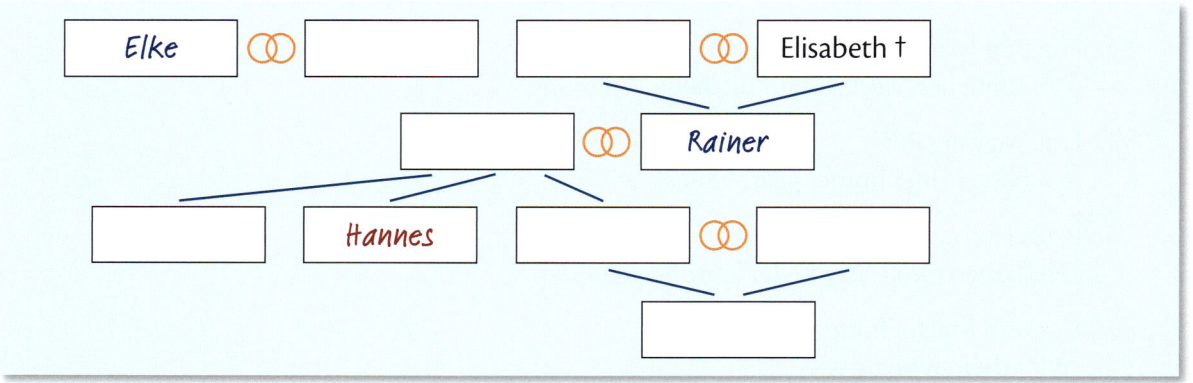

b) Was passt? Hören Sie noch einmal und verbinden Sie wie im Beispiel.

Anton		zwei	von Hannes.
Hannes		der Opa	in Elternzeit.
Stefanie	ist	die Oma	bei Hannover.
Susanne	hat	in der Freizeit	von Beruf.
Rolf	macht	eine Werkstatt	von Sophie.
Rainer		Krankenschwester	gerne Gartenarbeit.
Monika		bis August	Schwestern.

c) Schreiben Sie zu jeder Person einen Satz in Ihr Heft.

> *Anton ist der Opa von Hannes.*

4 **Monika berichtet ihrer Nachbarin von der Geburtstagsfeier.** Ergänzen Sie die Familienwörter. Die Grafik aus 3 a) hilft.

💬 Hallo Monika. Na, wie war die Geburtstagsfeier?

👄 Schön. Und dein Schokoladenkuchen! Unsere ...*Kinder*... waren begeistert. Danke für das Rezept.

💬 Gerne. Und wie hat deinem .... das Geburtstagsgeschenk gefallen?

👄 Gut. Aber mein .... ist nicht so glücklich. Rainer fährt lieber in die Berge.

💬 War deine .... auch da? Wie heißt sie noch? Sophie, oder?

👄 Ja, die Kleine war auch da. Sie ist wirklich süß. Am liebsten möchte ich sie jeden Tag sehen.

💬 Nun ja, deine .... muss ja bald wieder arbeiten.

👄 Genau. Dann bringt Susanne mir das Kind. Oder Rolf, mein .... Meistens hat er das Auto.

💬 Wie geht's denn Hannes? War er auch da? Ich habe ihn schon lange nicht mehr gesehen.

👄 Ja, unser .... ist auch gekommen. Er hat leider immer noch keine Freundin. Aber Stefanie hat erzählt, dass sie einen netten jungen Mann kennengelernt hat.

5 Besuch bei der Familie in Indonesien. **Schreiben Sie Sätze.**

a) Aqil kommt aus Bandung. Das ist eine große Stadt auf der indonesischen Insel Java. Er lebt in Zürich. Im letzten August hat er seine Familie besucht. Was hat er seiner Familie geschenkt?

Lerntipp

🎁 = Akkusativ

1. Schwester – Teddy
2. Eltern – Buch über Zürich
3. Bruder – Uhr
4. Großmutter – Radio

1. *Er hat seiner Schwester einen Teddy geschenkt.*
2.
3.
4.

b) Mayang kommt auch aus Indonesien. Sie arbeitet in Deutschland und verdient ganz gut. Im letzten Monat hat sie ihre Familie besucht. Was hat sie mitgebracht?

1. Vater – Kamera
2. Mutter – Kleid
3. Schwester – Deutschkurs auf CD
4. Bruder – Computerspiel

1. *Sie hat ihrem Vater eine Kamera geschenkt.*
2.
3.
4.

c) Ergänzen Sie Adjektive im Dativ. Was fällt Ihnen auf?

Die Oma hört den ganzen Tag Musik mit dem _____ (toll) Radio von Aqil. Sein Bruder ist von der _____ (neu) Uhr begeistert und seine Schwester schläft nur noch mit ihrem _____ (süß) Teddy. Der Vater von Mayang macht mit der _____ (modern) Kamera viele Fotos und schickt sie per E-Mail nach Deutschland. Das findet Mayang sehr schön!

Die Endung bei Adjektiven im Dativ ist immer _____.

6 **Genitiv mit s.** Antworten Sie.

1. Ist das die Freundin von Jürgen?

   Nein, das ist nicht Jürgens Freundin.

2. Sind das die Kinder von Ute und Martin?

   Ja, ...

3. Herr Akbar, kennen Sie die Eltern von Karin?

   Nein leider, ...

4. Gehst du mit der Schwester von Eva ins Konzert?

   Nein, ...

5. Hast du die Telefonnummer von Tante Monika?

   Ja, ...

6. Habt ihr die Brille von Mama gefunden?

   Nein, ...

7 **Eine Einladung schreiben.** Ordnen Sie den Text und schreiben Sie die Einladung.

und Freunde! – ziehen am Samstag um. – Renate und
Mustafa – ist im dritten Stock. – am 1. Juni ab 15 Uhr in –
Wir freuen uns – Unsere Wohnung – Die Einweihungsparty
ist – mit Balkon gefunden und – der Goldstraße 17. –
Liebe Freundinnen – ~~Wir haben eine schöne~~
~~Wohnung~~ – auf euch!

.... ,

wir haben eine schöne Wohnung ... .

....

....

....

8 **Was sagt man in diesen Situationen?** Ordnen Sie zu.

a   b   c   d   e   f

1. ☐ Herzlichen Glückwunsch zum Examen!
2. ☐ Alles Gute zum Geburtstag!
3. ☐ Herzlichen Glückwunsch zur Hochzeit!
4. ☐ Mein (herzliches) Beileid!
5. ☐ Herzlichen Glückwunsch zum Baby!
6. ☐ Gute Besserung!

9 Leben in einer Großfamilie. Das sagen die fünf Kinder der Familie Schneider. Schreiben Sie die Aussagen in Nebensätzen mit *dass*.

1.
> Ich finde eine große Familie toll!

Sophia, 8

Sophia sagt, *dass sie eine große Familie toll findet.*

2.
> Ich habe eine Schwester und drei Brüder.

Leon, 9

Leon sagt, ...

....

3.
> Alle helfen im Haushalt.

Michael, 13

Michael sagt, ...

....

4.
> Ich möchte später auch so viele Kinder haben.

Gerd, 5

Gerd sagt, ...

....

5.
> Ich spiele manchmal mit Michael und Leon Fußball.

Hannes, 11

Hannes sagt, ...

....

10 Familiengeschichten. Ordnen Sie die Nebensätze und ergänzen Sie *dass* oder *weil*.

1. Ich glaube, Florian hat seinen kleinen Schwestern nicht gesagt, *dass er eine Party gibt* .
   (eine – er – gibt – Party)

2. Oma findet es nicht gut, ...
   (deine – besuchst – Eltern – nicht – du – öfter)

3. Wir fahren dieses Jahr nicht in den Urlaub, ...
   (mein – arbeitslos – ist – Vater)

4. Mareike ist nur am Wochenende bei ihrem Vater, ...
   (Eltern – geschieden – ihre – sind)

5. Lukas hat erzählt, ...
   (heiratet – nächstes – Schwester – Jahr – seine)

6. Meine Eltern kaufen keinen Hund, ...
   (Wohnung – zu klein – ist – unsere)

7. Ich glaube, ...
   (ihren Rafael – unsere – hat – Madrid – kennengelernt – Tochter – in)

2 Leben in Deutschland

1 Schule

a) Schulfächer. Ordnen Sie zu.

Biologie – Englisch – Chemie – Deutsch – Geschichte – Kunst – Musik – Sport – Mathematik

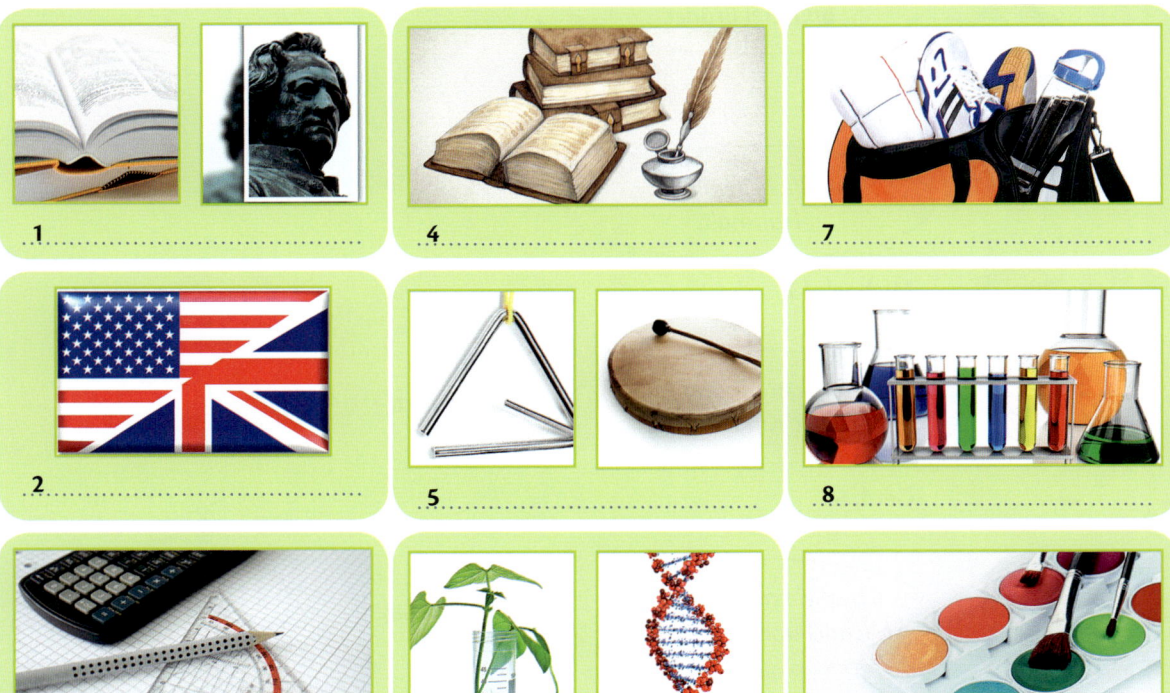

1 ....
4 ....
7 ....
2 ....
5 ....
8 ....
3 ....
6 ....
9 ....

b) Schulwörter. Verbinden Sie.

der Schulhof **1**   **a** Hier sitzen die Lehrer zusammen.

das Lehrerzimmer **2**   **b** Der Sportunterricht findet hier statt.

die Turnhalle **3**   **c** Er oder sie leitet eine Klasse und kümmert sich um alles.

der Direktor/die Direktorin **4**   **d** Die Schüler und Schülerinnen sind hier in den Pausen.

die Klassenfahrt **5**   **e** Er oder sie leitet die ganze Schule.

der Klassenlehrer/ **6**   **f** Eine Schulklasse verreist für mehrere Tage.
die Klassenlehrerin

c) Und Sie? Schreiben Sie einen Text über Ihre Schulzeit.

Redemittel

Ich bin von ... bis ... in ... zur Schule gegangen.
Die Schule hat um ... Uhr angefangen und war um ... Uhr zu Ende.
Wir hatten ... Stunden Unterricht am Tag.
Schulferien gab es von ... bis ...
Meine Lehrer waren (sehr) nett/freundlich/gut / nicht so nett / sehr streng.
Meine Lieblingsfächer waren ... / Aber ... hat mir nicht (so gut) gefallen.
Ich war sehr gut in ...

2 Zwei Briefe von der Schule an die Eltern

a) Lesen Sie die Briefe und beantworten Sie die Fragen.

Liebe Eltern der Klasse 9a,
hiermit laden wir Sie herzlich zum ersten **Elternabend** im neuen Schuljahr ein.

Wann: Donnerstag, 23.09. um 19.30 Uhr   **Wo:** Zeppelinschule, Raum 201 (Klassenzimmer)

Tagesordnung:
1 Begrüßung und Bericht (Frau Pilch, Klassenlehrerin)
2 Klassenfahrt: Wohin fahren wir? Nach Berlin oder München?
3 Verschiedenes

Wenn Sie weitere Themenvorschläge haben, rufen Sie mich bitte an oder schreiben eine E-Mail.

Mit freundlichen Grüßen
Nora Pilch

Rückmeldeabschnitt bitte zurück an die Klassenlehrerin, Frau Pilch.

Ich habe die Einladung bekommen und
☐ werde am Elternabend teilnehmen.
☐ kann leider nicht am Elternabend teilnehmen,

Ort   Datum   Unterschrift

Einladung zum Informationsabend

Liebe Eltern, liebe Schülerinnen, liebe Schüler,
wie Sie wissen, planen wir eine Klassenfahrt nach München. Wir haben uns ja schon über den Ort, die Dauer und den Termin unterhalten. Es gibt aber noch wichtige Fragen, die ich mit Ihnen besprechen möchte.

Der Informationsabend findet am Dienstag, dem 23.02. um 18.30 in Raum 201 statt. Ich möchte mit Ihnen auch über die Reisekosten und über Versicherungsfragen sprechen.

Mit freundlichen Grüßen
Nora Pilch

1. Wer ist Nora Pilch? ....
2. Wohin sollen die Eltern im September kommen? ....
3. Wo finden die Termine statt? ....
4. Was sollen die Eltern zurückschicken? ....
5. Was will Frau Pilch mit den Eltern im Februar besprechen? ....

1 **Der Fahrkartenautomat.** Lesen Sie den Text und ordnen Sie die Bilder aus der Zeichnung zu.

Der Fahrkartenautomat ist oft der schnellste Weg zur Fahrkarte für Bahn, Straßenbahn, U-Bahn und Bus. An vielen kleinen Haltestellen gibt es nur einen Fahrkartenautomaten. Manchmal kann man die Fahrkarte aber auch direkt beim Busfahrer oder am Automaten in der Straßenbahn bekommen. Viele Menschen kaufen nicht so gern am Automaten eine Fahrkarte. Sie sagen, dass das zu kompliziert ist. Es ist aber wirklich ganz einfach und viele Automaten funktionieren ähnlich. So geht's:

1. ☐ Suchen Sie Ihr Fahrziel in der Ortsliste. Neben dem Ziel finden Sie eine Nummer.
2. ☐ Geben Sie die Nummer über die Tastatur ein.
3. ☐ Wählen Sie eine Fahrkarte, zum Beispiel 1 Erwachsener. Für Ihr Fahrrad oder Ihren Hund müssen Sie auch eine Fahrkarte kaufen! Für Kinder bis sechs Jahren müssen Sie oft nichts bezahlen.
4. ☐ Der Monitor zeigt Ihnen den Preis an.
5. ☐ Sie können mit Geldscheinen und Münzen bezahlen. Manchmal können Sie auch mit Bankkarte oder Kreditkarte bezahlen.
6. ☐ Der Automat druckt jetzt Ihr Ticket, dann bekommen Sie die Fahrkarte.
7. ☒ *c* Jetzt müssen Sie die Fahrkarte noch entwerten. Das können Sie auf dem Bahnsteig oder in der Bahn machen.

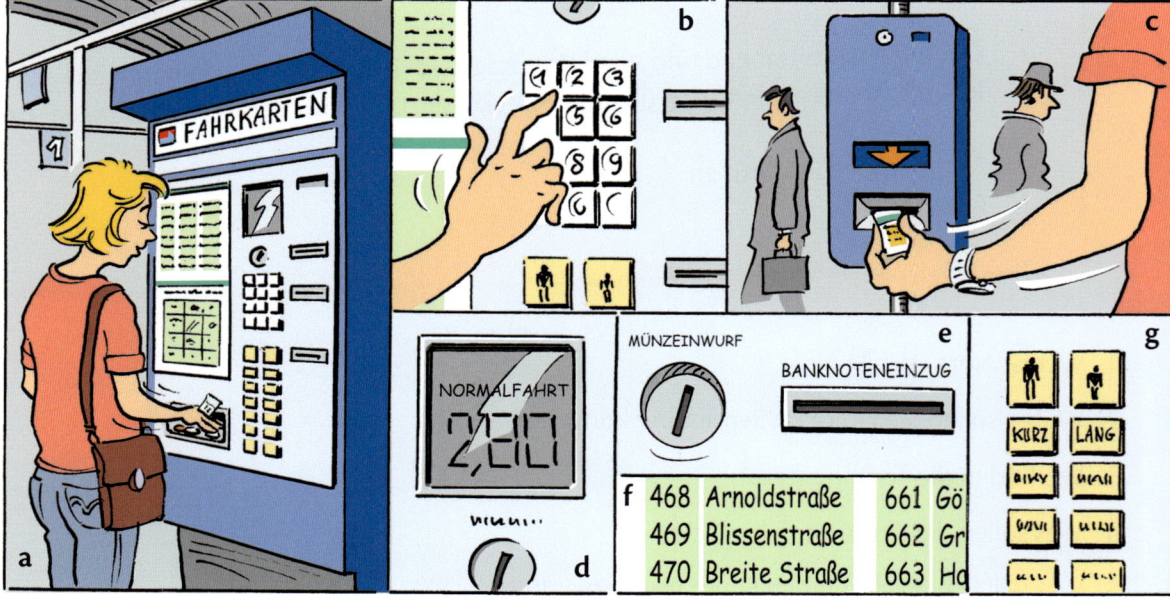

2 Eine Fahrkarte am Automaten kaufen

a) Ordnen Sie den Dialog.

Carlotta aus Schweden ist gerade in Bonn angekommen. Sie möchte ihre Freundin Anna in Bonn/
Limperich besuchen und muss noch eine Fahrkarte für die S-Bahn kaufen. Sie ruft Anna an.

Anna

- 💬 **1** Hallo, hier ist Anna Gutenberg.
- 💬 ☐ Die Nummer musst du mit der Tastatur rechts eingeben.
  ... Bist du fertig?
- 💬 ☐ Das macht nichts. Hast du einen 10-Euro-Schein?
  Der Automat gibt dir das Restgeld zurück.
- 💬 ☐ Du brauchst nur eine Fahrt, also eine einfache Fahrt.
  Ich bringe dich morgen mit dem Auto zum Bahnhof zurück.
- 💬 ☐ Da ist ein Fahrkartenautomat.
- 💬 ☐ Du kannst noch nicht bezahlen. Du musst zuerst noch
  die Fahrkarte wählen. Nimm einen Fahrschein für
  eine Erwachsene. Siehst du das Symbol?
- 💬 ☐ Du musst die Linie 64 nach Ramersdorf nehmen!
  Hast du schon eine Fahrkarte?
- 💬 ☐ Die kommt in circa fünf Minuten. Du musst in Limperich
  aussteigen. Ich hole dich an der Haltestelle ab. Bis gleich!
- 💬 **3** Nimm die 64 in Richtung Ramersdorf.
- 💬 ☐ Das ist ganz einfach. Links siehst du die Liste mit Zielorten.
  Such Limperich.

Carlotta

- 👍 **2** Hallo Anna. Ich bin's, Carlotta. Ich komme gleich.
  Ich bin jetzt am Bertha-von-Suttner-Platz.
  Welche S-Bahn-Linie fährt denn nach Limperich?
- 👍 ☐ Danke, das ist schön. So, jetzt zeigt der Monitor den Preis.
  2,80 Euro. Ich habe aber kein Kleingeld.
- 👍 ☐ Nein, wo kann ich denn eine Fahrkarte kaufen?
- 👍 ☐ Das ist ja ganz einfach! So, jetzt habe ich mein Ticket.
  Hoffentlich kommt die nächste Bahn schon bald.
- 👍 ☐ Wie bitte? Welche Linie? Ich kann dich nicht verstehen,
  es ist so laut hier.
- 👍 ☐ Ein Symbol? Ach so, ja. Welchen Fahrschein brauche ich
  denn jetzt?
- 👍 ☐ Prima! Bis gleich!
- 👍 ☐ Moment. Ja, hier steht Limperich. Da ist auch eine Nummer.
- 👍 ☐ Ah ja. Ich habe ihn gefunden, aber ich habe in Deutschland
  noch nie eine Fahrkarte am Automaten gekauft. Wie geht
  das?
- 👍 ☐ Moment. Ja, ich habe die Nummer eingegeben.
  Wie kann ich denn jetzt bezahlen?

b) Lesen Sie den Dialog laut – am besten zu zweit!

3 *Und, aber, oder.* **Was passt? Ergänzen Sie.**

1. Ich kann Ihnen das Zimmer von Montag bis Freitag reservieren, ...*aber*............ am Wochenende ist leider nichts mehr frei.

2. Sie können mit dem ICE .... mit dem Regionalexpress von Berlin nach Hannover fahren. Das ist billiger, ... nicht ganz so schnell wie die Fahrt im ICE.

3. Ihr könnt heute Nachmittag zuerst das Museum besuchen .... danach in die Stadt gehen. .... ihr geht zuerst in die Stadt, ... dann habt ihr nicht mehr viel Zeit für die Ausstellung.

4. Möchten Sie eine Fahrkarte in der 1. .... lieber in der 2. Klasse?

5. Wohin soll ich fahren? In die Schweiz .... nach Italien? – Fahr doch von München über Bern nach Venedig. Dann warst du in der Schweiz .... in Italien!

6. Ich möchte Urlaub am Meer machen, ... meine Frau will lieber in die Berge.

4 **Eine Flugreise online buchen.** **Hören Sie und ergänzen Sie die Buchung.**

11

Von: ....

Nach: ....

Hinflug am: ....

Abflugzeit: ....

Rückflug am: ....

Abflugzeit: ....

Hotel: ☐ Ja ☐ Nein

Mietwagen: ☐ Ja ☐ Nein

5 **Reisende auf dem Frankfurter Flughafen**

a) *Machen* oder *besuchen*? **Was passt? Kreuzen Sie an.**

	machen	besuchen
1. Freunde oder Verwandte	☐	☐
2. eine Konferenz	☐	☐
3. eine Reise	☐	☐
4. Urlaub	☐	☐
5. eine Radtour	☐	☐
6. eine Buchmesse	☐	☐

b) **Wo waren die Personen? Was vermuten Sie? Ergänzen Sie die Sätze mit den Informationen.**

> ~~Geschäftsreise nach London~~ – Urlaub – Buchmesse – Informationsreise nach China – Konferenz in Moskau – Freundin – Radtour durch Irland

1. Der Mann trägt einen dunklen Anzug und hat einen kleinen schwarzen Koffer in der rechten Hand. Unter dem linken Arm hat er eine englische Zeitung.

   Ich glaube, dass er *eine Geschäftsreise nach London gemacht hat.*

2. Die Frau trägt eine helle Bluse, eine dunkelrote Jeansjacke und eine schwarze Hose. Sie liest eine Zeitschrift und trägt eine rote Tasche vom Cornelsen Verlag.

   Wahrscheinlich

3. Der Mann und die Frau tragen große Sonnenhüte, Sonnenbrillen, bunte T-Shirts und Jeans. Sie sehen wie Touristen aus.

   Ich denke, dass

4. Drei junge Frauen gehören zu einer Reisegruppe. Sie sehen sehr müde aus und tragen große Kamerataschen. Sicher hatten sie einen langen Flug.

   Vielleicht

5. Ein junger Mann steht ganz rechts. Er hat Lippenstift im Gesicht und sieht glücklich aus.

   Ich glaube, er

6. Die Frau trägt dunkle Kleidung. Sie hat den Mantel ausgezogen. In ihrer rechten Hand hat sie eine Notebooktasche. Sie liest ein Buch auf Russisch.

   Wahrscheinlich

7. Dieser junge Mann sieht sehr sportlich aus. Er hat eine Fahrradtasche unter dem Arm und ein Fitnessgetränk in der Hand.

   Ich meine, dass

6 **Unterwegs im Flugzeug.** Ergänzen Sie *wollen, müssen, dürfen* und *können*. Denken Sie auch an die Verbform.

1. Unser internationales Servicepersonal

   ..*kann*.............. Ihnen in über zehn Sprachen helfen.

2. Viele Fluggäste .... im Flugzeug nicht so gerne in der Mitte sitzen. Sie sitzen lieber am Fenster.

3. Ihre Reisetasche für unterwegs

   .... nicht schwerer als zehn Kilo sein.

4. Auf unseren Flügen ist Rauchen verboten.

   Sie .... auch nicht in den Toiletten rauchen!

5. Auf langen Flügen .... sich die Fluggäste Videos ansehen oder Musik hören.

6. Sie .... Musik hören? Sie .... unser Service-Personal nach einem Kopfhörer fragen.

7. Beim Start und bei der Landung .... Sie alle elektronischen Geräte wie Computer oder MP3-Spieler ausmachen.

8. Sie .... Ihren Sessel jetzt wieder in die senkrechte Position bringen. Wir landen bald.

9. Der Pilot sagt, wir .... noch nicht aussteigen, weil die Treppe noch nicht da ist.

   Wir .... noch etwas warten.

7 **Tipps für die Reise.** Ergänzen Sie *sollen*. Achten Sie auf die Verbform.

1. Ute hat gesagt, dass ich aus der Türkei Kaffee mitbringen ..*soll*.................. .

2. Rebecca meint, dass du in Kenia nur Mineralwasser trinken ....

3. Wir haben Peter gesagt, dass er vor dem Urlaub Medikamente kaufen ....

4. Der Arzt sagt, dass wir uns in Österreich gut ausruhen und viel wandern ....

5. „Vergesst nicht, dass ihr in China viele Fotos machen ....!"

6. Sag deinen Freundinnen, dass sie in Spanien nicht den ganzen Tag am Strand in der Sonne

   liegen .... Das ist nicht gesund!

7. Frau Sommer, der Chef sagt, dass Sie in München die Firmenkreditkarte

   benutzen ....

8. Ich weiß nicht, was ich in den Ferien machen .... Hast du eine Idee?

9. Ich habe dir doch gesagt, dass du im Ausland nicht mit dem Handy

   telefonieren .... Das ist viel zu teuer!

8 Reiseplanung

a) Hören Sie und sprechen Sie nach.

12

1. in den Bergen Urlaub – am liebsten in den Bergen Urlaub – Ich mache am liebsten in den Bergen Urlaub.
2. nur einen Hinflug – reservieren Sie nur einen Hinflug – Bitte reservieren Sie nur einen Hinflug!
3. und reisen am Dienstag wieder ab – am Montag an und reisen am Dienstag wieder ab – Wir kommen am Montag an und reisen am Dienstag wieder ab.
4. als eine lange Autofahrt – ist besser als eine lange Autofahrt – Der Zug ist besser als eine lange Autofahrt.

b) Formulieren Sie Fragen.

> wie – ~~wo~~ – wohin – was – wann

1. du – Urlaub machen: Schweiz – Italien?

   💬 *Wo machst du Urlaub? In der Schweiz oder in Italien?* ....
   👃 Kenia ist mir zu weit. Ich fahre in die Türkei.

2. ich – reservieren – sollen: Hin- und Rückflug – nur Rückflug?

   💬 ....
   👃 Bitte reservieren Sie nur einen Hinflug!

3. Sie – ankommen: Montag – Dienstag?

   💬 ....
   👃 Wir kommen am Montag an und reisen am Donnerstag wieder ab.

4. du – lieber fahren: Strand – Berge

   💬 ....
   👃 Ich mache am liebsten Städtereisen. Am Strand oder in den Bergen langweile ich mich immer.

5. ihr – nach Italien fahren: Auto – Zug

   💬 ....
   👃 Wir nehmen einen Nachtzug. Das ist besser als die lange Autofahrt.

9 Koffer packen. Hören Sie. Welche Sachen packt Marius ein: A oder B?

13

A   B

1 Unterwegs mit dem Zug

a) **Am Bahnhof. Was ist was? Ordnen Sie zu.**

- ☐ die Ankunftstafel
- ☐ der Fahrplan
- ☐ der ICE
- ☐ der Zugbegleiter
- ☐ der Bahnsteig
- ☐ das Gepäck
- ☐ die S-Bahn
- ☐ der Fahrkartenschalter
- ☐ die Fahrgäste
- ☑ *1* das Gleis
- ☐ die Schließfächer

b) **Was passt zusammen? Verbinden Sie.**

einen Sitzplatz	**1**		**a**	verpassen
eine Fahrkarte	**2**		**b**	reservieren
den Zug	**3**		**c**	bitten
eine Reise	**4**		**d**	kaufen
um Hilfe mit dem Gepäck	**5**		**e**	buchen

2 Fahrkarten online. **Sie wollen von Jena Paradies nach Frankfurt a. M. mit dem Zug fahren. Suchen Sie eine Verbindung im Internet unter *www.bahn.de*.**

Abfahrt: .... Ankunft: ....

Gleis: .... Zug: ....

Umsteigen (Wie oft? Wo?): ....

....

Dauer: ....

Preis mit BahnCard 50: ....

Ihre Fahrtmöglichkeiten

Bahnhof/Haltestelle	Datum	Zeit	Gleis	Produkte	
Jena Paradies	Do, 19.11.15	ab 09:46	2	ICE	Intercity-Express Richtung: Hamburg-Altona
Leipzig Hbf	Do, 19.11.15	an 10:42	11	1612	Bordrestaurant
Umsteigezeit 29 Min.					
Leipzig Hbf	Do, 19.11.15	ab 11:11	10	IC 2250	Intercity Richtung: Wiesbaden Hbf
Frankfurt(Main)Hbf	Do, 19.11.15	an 14:37	6		Fahrradmitnahme reservierungspflichtig , Fahrradmitnahme begrenzt möglich , Bordbistro

Dauer: 4:51; fährt nicht täglich, Verkehrstage

ICE 1612: Jena Paradies - Leipzig Hbf: Bauarbeiten. Die Ankunft verzögert sich. Bitte überprüfen Sie Ihre Verbindung noch einmal kurz vor der Reise.

Preis: ab 29,00 EUR bis 95,00 EUR 1 Erwachsener, 2. Klasse

Alle Angaben ohne Gewähr.

Taxi deutschlandweit: 22456 (0,69€/Min., erreichbar aus allen dt. Mobilfunknetzen). Ein Service der Taxi Deutschland e.G.

Bitte informieren Sie sich kurz vor Abfahrt über mögliche Änderungen online auf www.bahn.de, mobil über die Navigator App/m.bahn.de oder bei der Servicenummer der Deutschen Bahn. Die entsprechende Rufnummer finden Sie unter

3 Auskunft im Zug. **Bringen Sie den Dialog in die richtige Reihenfolge. Kontrollieren Sie mit der CD.**

14

☐ Aber natürlich. Wie kann ich Ihnen helfen?

☐ Bitte sehr. Darf ich Sie kurz noch etwas fragen?

[1] Ist in Jena noch jemand zugestiegen? ... Sie sind zugestiegen? Dann Ihre Fahrkarte, bitte.

☐ 11.11 Uhr ab Gleis 9. Vielen Dank.

☐ Moment, da muss ich schauen ... Wir kommen um 10.42 Uhr in Leipzig Gleis 12 an. Die nächste Verbindung geht um 11.11 Uhr ab Gleis 9. Und in Frankfurt/Flughafen müssen Sie dann wieder umsteigen.

☐ Ich fahre nach Düsseldorf. Ich muss in Leipzig umsteigen. Wie lange muss ich warten?

4 Ihr Reiseplaner. **Sie suchen Verbindungen von Kassel-Wilhemshöhe. Sehen Sie sich den Abfahrtsplan an und beantworten Sie die Fragen.**

1. Sie müssen morgen vor 12.00 Uhr in Erfurt sein. Sie möchten Ihr Fahrrad mitnehmen. Wann müssen Sie fahren? Mit welchem Zug?

   ....

   ....

2. Wann ist der ICE 277 in Fulda?

   ....

3. Kann man im IC 2277 einen Kaffee bekommen?

   ....

4. Von welchem Gleis fährt der Zug nach Dortmund ab?

   ....

	Mo - Sa		Hamburg Hbf 11:26 — Hamburg-Altona 11:43	
9	8:59	ICE 1745	Bebra 9:32 — Eisenach 9:56 ☉ Erfurt 10:29 — Weimar 10:46 — Leipzig 11:48 — **Dresden 13:03**	2
8				
			9:00	
2	9:00	IC 2156	Warburg(Westf) 9:32 — Altenbeken 9:54 — Paderborn 10:08 — Lippstadt 10:24 ☉ Hamm(Westf) 10:52 — Dortmund 11:15 — Essen 11:39 — Düsseldorf Airport ✈ 12:04 — **Düsseldorf Hbf 12:12**	4
2	9:03 Mo - Sa	IC 2277	Wabern 9:21 — Treysa 9:38 — Marburg 10:03 — Gießen 10:21 ☉ Frankfurt/M West 10:59 — **Frankfurt/M Hbf 11:08** → Sa weiter nach Darmstadt ☉ **Karlsruhe** → Sa bis 18. Jul kein Halt in Frankfurt/M Hbf	1
7	9:05 Mo - Fr	RT5 RT 32492	Kassel Hbf 9:10 — **KS-Aue Stadion 9:21**	9
3	9:06	RE 16165	Hann Münden 9:22 ☉ Eichenberg 9:40 — Leinefelde 10:05 — **Erfurt 11:27**	7
7	9:12 Mo-Sa*	RB 23278 RT 25548	**Kassel Hbf 9:17** ☉ *nicht 3. Okt	9
9	9:14	CAN 24205	Guxhagen 9:24 — Melsungen 9:32 ☉ Rotenburg/Fulda 9:51 — Bebra 9:58 — Bad Hersfeld 10:08 — **Fulda 10:37**	7
3	9:14 Mo - Sa	ICE 277	Fulda 9:45 — Hanau 10:27 — Frankfurt/M Hbf 10:44 — Mannheim 11:27 — Karlsruhe 11:58 ☉ Freiburg 12:59 — Basel Bad Bf 13:34 — Basel SBB 13:47 — Bern 14:56 — **Interlaken Ost 15:57**	2
3	9:17 So	ICE 983	Fulda 9:46 — Würzburg 10:28 — Nürnberg 11:24 — Ingolstadt 11:59 — **München Hbf 12:39** ☉ → bis 23. Aug kein Halt in Nürnberg, Ingolstadt, Ankunft in München Hbf 12:56	2
3	9:22	ICE 674	Göttingen 9:41 — Hannover 10:17 — Hamburg Hbf 11:35 ☉ **Kiel Hbf 12:44**	3
	9:23 Mo - Sa	ICE 583 ICE 533	**WERDENFELSER LAND** Fulda 9:54 — Würzburg 10:28 — Nürnberg 11:24 — Ingolstadt 11:59 — **München Hbf 12:39** ☉ → bis 22. Aug kein Halt in Nürnberg, Ingolstadt, Ankunft in München Hbf 12:56 → Sa bis 22. Aug weiter nach **Garmisch-Partenkirchen 14:52** → Sa vom 29. Aug bis 7. Nov weiter nach **Garmisch-Partenkirchen 14:28**	2

1 Erholen Sie sich in Ihrer Freizeit?

a) Lesen Sie den Text und ordnen Sie die Fotos den Abschnitten zu.

1 ☐ **Freizeitstress.** Haben Sie das Wort schon einmal gehört? Es ist Freitagabend und das Wochenende beginnt. Lisa möchte sich entspannen. Sie will sich mit einem Glas Wein auf das Sofa setzen und etwas fernsehen, da klingelt das Telefon. Es ist Ute. Sie kann sich mal wieder nicht entscheiden: Soll sie mit Oleg auf Cems Party gehen oder mit Inga ins Kino
5 und danach in die neue Disko? Lisa ist das egal. Sie möchte auch nicht mitkommen.

☐ Im Fernsehen sprechen gerade ein paar Experten über Freizeit. Ein Professor sagt, dass die Deutschen von 148 Stunden jede Woche bis zu 77 Stunden Freizeit haben. In dieser Zeit sollen wir uns erholen, Freunde treffen, im Garten arbeiten, lesen oder Sport machen. Aber der Arzt meint, dass zu viele Termine und Aktivitäten in der Freizeit nicht gesund sind.
10 Viele Patienten haben Freizeitstress. Sie sind oft müde und können sich bei der Arbeit nicht gut konzentrieren. Lisa denkt sofort an Ute. Das muss sie ihr erzählen! Denn Ihre Freundin ist fast immer unterwegs. Am Wochenende hat sie besonders viel zu tun. Das fängt schon am Freitagabend an. Da gibt es meistens eine Party oder sie geht mit Freunden tanzen. Am Samstag und Sonntag ist sie auch immer unterwegs. Und am Montag ruft sie Lisa dann
15 wieder aus der Firma an und sagt, sie ist total kaputt. Vom Wochenende!

☐ Lisa mag es lieber ruhig. Sie liebt lange Spaziergänge im Regen, liest viel, hört gerne Musik, sieht manchmal abends fern, geht am Samstagvormittag auf den Markt und trifft sich sonntags mit Freunden. Manchmal geht sie am Wochenende ins Theater und in Ausstellungen oder besucht ihre Familie, aber sie muss in ihrer Freizeit nicht immer etwas
20 machen oder mit anderen Menschen zusammen sein.

☐ Schon wieder klingelt das Telefon. Jetzt ist es Oleg. Er fragt Lisa, was Ute heute Abend macht. Er wollte mit ihr auf Cems Party gehen, aber sie hat ihn nicht angerufen und geht jetzt auch nicht ans Telefon. Lisa sagt ihm, dass sie es auch nicht weiß. Dann macht sie das Telefon und ihr Handy aus. Gleich beginnt ein schöner Film. Endlich Ruhe!

b) Lesen Sie den Text noch einmal. Sind die Aussagen richtig oder falsch? Kreuzen Sie an und ergänzen Sie die Zeilennummern bei den richtigen Aussagen.

		richtig	falsch	Zeile
1.	Ute möchte auf eine Party oder ins Kino gehen.	X	☐	...4
2.	Lisa möchte lieber zu Hause bleiben und sich entspannen.	☐	☐	....
3.	Lisa hört im Radio ein Gespräch zum Thema „Stress".	☐	☐	....
4.	Die Deutschen haben mindestens 77 Stunden Freizeit in der Woche.	☐	☐	....
5.	Der Arzt sagt, zu viel Freizeit ist nicht gesund.	☐	☐	....
6.	Ute erholt sich am Wochenende gut.	☐	☐	....
7.	Lisa kann in ihrer Freizeit auch gut allein sein.	☐	☐	....
8.	Oleg sucht Ute.	☐	☐	....
9.	Lisa weiß auch nicht, wo Ute ist.	☐	☐	....

2 **Eine Verabredung.** **Es ist Sonntag. Lisa telefoniert mit Mario.**

a) Lesen Sie Lisas Aussagen und markieren Sie alle Angaben zu Datum und Uhrzeit.

👄 Hallo Mario, hier ist Lisa.

👂 ...

👄 Ich möchte mit dir ins Kino gehen und den neuen James Bond Film sehen.

👂 ...

👄 Kannst du am Mittwochabend, also ==am neunten== ==um sieben Uhr==?

👂 ...

👄 Und am elften, abends um acht, passt dir das?

👂 ...

👄 Schade. Und wie sieht es Dienstagabend um sechs aus? Kannst du da?

👂 ...

👄 Nein, nicht am fünfzehnten. Da kann ich nicht. Ich meine übermorgen, also am achten. Geht das auch?

👂 ...

👄 Um halb sechs am Cineplex in der Innenstadt?

👂 ...

👄 Schön. Ich freue mich schon. Bis Dienstag. Tschüss.

👂 ...

b) Hören Sie Mario und sprechen Sie Lisas Rolle in a).

15

c) Hören Sie noch einmal und ergänzen Sie Marios Kalender.

Montag 07.09.	Dienstag 08.09.	Mittwoch 09.09.	Donnerstag 10.09.	Freitag 11.09.	Samstag 12.09.	Sonntag 13.09.
lernen!			*20.00 Bundesliga*			

3 Flüssig sprechen. Hören Sie und sprechen Sie nach.

16

1. Mittwoch – Mittwoch in zwei Wochen – Ich habe Mittwoch in zwei Wochen Geburtstag.
2. morgen – morgen um Viertel nach neun – Ich habe morgen um Viertel nach neun einen Termin.
3. am elften – am elften um halb sieben – Wir treffen uns am am elften um halb sieben.
4. nachmittag – morgen nachmittag – Ich gehe morgen Nachmittag zum Yoga.

4 Was kann man in der Freizeit machen? Finden Sie passende Nomen.

1. .... laufen.
2. Die .... lesen.
3. Am .... spielen.
4. .... fahren.
5. .... oder *Pilates* machen.
6. In die .... gehen.
7. Im .... singen
8. Im .... arbeiten.
9. In den .... wandern.

Z	E	I	T	U	N	G	S	T	U	D	I
T	K	T	T	U	P	R	E	S	G	V	I
B	M	A	R	A	T	H	O	N	N	T	O
D	O	Y	O	G	A	S	T	D	W	U	D
E	T	B	E	E	S	C	H	M	F	L	G
S	O	E	P	E	R	S	T	J	R	T	A
A	R	R	S	C	O	M	P	U	T	E	R
U	R	G	H	H	U	M	N	B	O	R	T
N	A	E	N	O	P	Q	Z	T	E	R	E
A	D	N	L	R	C	H	M	I	E	R	N

5 Reflexiv oder nicht? Kreuzen Sie an. Ergänzen Sie dann das Reflexiv- oder Personalpronomen.

	ja	nein
1. Ich kann *mich* so nicht entspannen. Die Musik ist zu laut!	X	☐
2. Rasierst du .... nicht mehr? Das sieht gut aus!	☐	☐
3. Ich kann .... nicht verstehen. Die Verbindung ist so schlecht.	☐	☐
4. Treffen wir .... am Mittwoch wieder bei Claudia zum Kochen?	☐	☐
5. Was ist? Fühlst du .... nicht gut?	☐	☐
6. Freut ihr .... schon auf den Urlaub in Amerika?	☐	☐
7. Wir möchten .... zum Essen einladen. Habt ihr am Samstag Zeit?	☐	☐

6 Eine Panne am Morgen. Ergänzen Sie den Text wie im Beispiel.

anziehen – ~~sich duschen~~ – klingeln –
sich rasieren – sich treffen – überraschen – sich umziehen

Kurt ist aufgestanden und hat *sich geduscht* . Heute hat er .... nicht ....

Seine Freundin findet seinen Bart cool und er .... heute Abend mit ihr.

Er hat auch sein neues Hemd .... Dann hat er Kaffee gemacht. Plötzlich hat es an der

Tür .... Das hat ihn so .... , dass er den Kaffee verschüttet hat. So ein Mist –

das neue Hemd! Kurt ist wieder ins Schlafzimmer gegangen und hat ....

7 Reflexivpronomen und Präpositionen mit Dativ oder Akkusativ

a) **Markieren Sie die richtigen Präpositionen und Akkusativ oder Dativ.**

	für	über	mit	+ Akk.	+ Dat.
1. sich interessieren	X	☐	☐	X	☐
2. sich ärgern	☐	☐	☐	☐	☐
3. sich verabreden	☐	☐	☐	☐	☐
4. sich entspannen	☐	☐	☐	☐	☐
5. sich freuen	☐	☐	☐	☐	☐
6. sich entscheiden	☐	☐	☐	☐	☐
7. sich aufregen	☐	☐	☐	☐	☐

Ich habe mich für Yoga entschieden.

b) **Antworten Sie.**

1. 💬 Trifft Mike Herrn Moll heute Nachmittag?

   ↻ Ja, ich glaube, er hat _sich mit Herrn Moll verabredet._ .... (sich verabreden)

2. 💬 Glaubst du auch, dass dein Mann nicht gern zu einem Amt geht?

   ↻ Ja, er .... die langen Wartezeiten (sich ärgern).

3. 💬 Findest du Fußball interessant?

   ↻ Ja, ich .... Fußball. (sich interessieren)

4. 💬 Wie geht es deiner Schwester? Hat sie meinen Brief bekommen?

   ↻ Ja, sie hat gesagt, dass sie .... (sich freuen)

5. 💬 Warum bist du so wütend?

   ↻ Mein Kollege macht so viel falsch. Ich habe .... (sich aufregen).

6. 💬 Besuchst du am Wochenende deine Eltern oder Paula?

   ↻ Ich glaube, ... Eltern. (sich entscheiden)

7. 💬 Was findest du entspannender: Musik, Fernsehen oder Lesen?

   ↻ Ich .... Musik. (sich entspannen)

8 **Was hast du gestern nach dem Unterricht gemacht?** Sehen Sie sich die Bilder an und schreiben Sie mit den Wörtern passende Sätze.

Lebensmittel – bin ich – habe ich – nach Hause – eingekauft – mit der Straßenbahn – dann – Mittag gegessen – ein paar – in der Kantine – und danach – gefahren – im Supermarkt – zuerst – habe ich

Zuerst habe ich ....

....

9 **Freizeit im Verein**

a) **Welcher Verein passt zu welcher Person? Ordnen Sie zu.**

Verein

1. Lisa, 8, mag Tiere und treibt gerne Sport. ....

2. Frank ist 26 Jahre alt, bewegt sich gern und mag Musik. ....

3. Lucca, 31, liebt sein Motorrad und macht gern Ausflüge. ....

4. Mona, 43, möchte sich in der Natur entspannen.
   Sie geht gern im Wald spazieren. ....

5. Le, 56, lädt am Wochenende oft Freunde zum Essen ein.
   Sie kocht gern neue Gerichte. ....

6. Fatih, 64, ist Rentner und sucht ein neues Hobby.
   Er mag Pflanzen und ist gerne draußen. ....

Machen Sie mit! Diese Vereine in Ihrer Nähe suchen neue Mitglieder: **21**

A
Entdecken Sie Ihren grünen Daumen!
Ruhiger Kleingartenverein in Limperich
sucht nette Mitglieder für freie Gärten
(80–150 m²) mit Interesse am Vereinsleben.
Info: 015161514931, Mo–Fr, 15–18 Uhr.

B
Tango, Swing und mehr ...
Kurse für Anfänger und Fortgeschrittene
starten im Mai. Zehn Stunden schon ab 80 €.
Mitglieder sparen bis zu 20 %.
Melden Sie sich noch heute an:
Steps e. V. • Tel: 0171 865 429.

C

Alleine in der Küche stehen geht auch –
im Kochtreff Bratpfanne macht das Kochen
mehr Spaß! Wir tauschen internationale
Rezepte aus und essen gemeinsam.
Mehr Informationen unter bratpfanne.de

D
Interessierst du dich
für Pferde?
Im Ponyclub „Ponderosa" kannst du mit
anderen Sport treiben, die Tiere pflegen und
viel Spaß haben.
Information für Eltern und Anmeldung unter
04782/11759.

E
Die Straße ist das Ziel!
Im Tourentreff lernt man Leute kennen, die
sich für große Motoren auf zwei Rädern
interessieren. Wir fahren gemeinsam tolle
Touren und machen auch mal Pause.
0191456782.

F
**Wandern, Tiere in der Natur
erleben, nette Leute kennenlernen.**
Der Verein der Naturfreunde hat eine lange
Tradition. Interessiert? Dann kommen Sie mit!
Treffpunkt: jeden So, 5:30 Uhr, am Stadion.

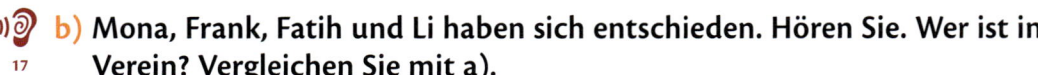

b) **Mona, Frank, Fatih und Li haben sich entschieden. Hören Sie. Wer ist in welchem Verein? Vergleichen Sie mit a).**

17

1. Mona ist im ....

2. Frank macht bei .... mit.

3. Fatih ist beim ....

4. Li geht ....

10 **Freizeittrends.** Wir haben eine Umfrage in einem Deutschkurs gemacht.
Ergänzen Sie *niemand, wenige, viele* und *alle.*

niemand   wenige   viele   alle

1. 100 % .... hören gerne Musik.

2. 93 % Fast .... kochen gerne.

3. 77 % .... machen in ihrer Freizeit Sport.

4. 60 % .... lesen auch gerne.

5. 23 % Aber nur .... lesen jeden Tag die Zeitung.

6. 3 % Fast .... interessiert sich für Briefmarken.

7. 0 % .... geht jede Woche ins Kino.

11 **Emotionen und Ausrufe**

a) **Welche Reaktion passt am besten? Kreuzen Sie an.**

1. **Aua, ich habe mich geschnitten!**
   a ☐ Das hört sich nicht schlecht an.
   b ☐ Oh, das habe ich nicht gewusst.
   c ☐ Tut es sehr weh? Zeigen Sie mal.

2. **Iii, in der Küche ist eine Maus!**
   a ☐ Wie schön!
   b ☐ Oh nein, ich mag auch keine Mäuse.
   c ☐ Das habe ich nicht gewusst.

3. **Juhu, ich habe gewonnen!**
   a ☐ Ist alles in Ordnung?
   b ☐ Toll! Herzlichen Glückwunsch!
   c ☐ Wie ist das denn passiert?

4. **Mist, ich kann mein Handy nicht finden.**
   a ☐ Das macht nichts.
   b ☐ Schon wieder? Komm, wir suchen es zusammen.
   c ☐ Oh, es war nicht sehr teuer.

5. **Oh, sind die schönen Blumen für mich?**
   a ☐ Ja. Freust du dich?
   b ☐ Das hört sich nicht gut an!
   c ☐ Das tut mir leid.

b) **Hören Sie die Dialoge und vergleichen Sie mit a). Lesen Sie laut mit.**
18

4 Leben in Deutschland

1 Wohin in den Sommerferien?

a) **Was kann man mit den Kindern in den Sommerferien machen?**
Sammeln Sie und ergänzen Sie die Sätze.

das Kinderkino

der Zirkus

Kind im Streichelzoo

Kinder im Schwimmbad

1. Man kann mit Ihnen ....

2. Kinder gehen gern ....

3. Besonders kleine Kinder finden ....

4. Viele Kinder lieben ....

b) **Lesen Sie die Broschüre. Welche Angebote passen?**

Banu ist 14 Jahre alt. Sie möchte in den Ferien vor allem Fußball spielen. ☐
Boris ist 11 Jahre alt und möchte gern einmal die Gitarre ausprobieren. ☐

Ferienspaß in Hamburg. Keiner muss sich in den Ferien langweilen.
Wir haben für Sie und Ihre Kinder viele tolle Angebote.

Angebote	Daten
1 Singen wie die Stars. Jeder Superstar hat einmal angefangen. Hier lernt ihr eure Stimme ganz neu kennen und entdeckt eure musikalischen Möglichkeiten.	17.08. + 25.08. 16.30–18.00 Uhr 11–18 Jahre; 9 €
2 Sport-Camps. Die Jugendlichen können u. a. Tennis, Tischtennis, Fußball und Hockey spielen. Erfahrene Trainer/innen! Auch Anfänger/innen sind willkommen.	20.07.–24.07. 6–18 Jahre 119 € (inklusive Mittagessen)
3 Fußball und Freizeitcamps. Bei qualifizierten Trainern könnt ihr täglich trainieren und Fußball spielen. Ihr besucht ein Profitraining beim FC St. Pauli. Am letzten Tag gibt es ein Turnier.	20.07.–21.08. Mo–Fr: 9.00–17.00 Uhr 5–12 Jahre; 85 € (5 Tage)
4 Musikworkshops. Hier könnt ihr Musikinstrumente kennen und spielen lernen. Wir singen und tanzen auch.	04.08./06.08. 15.30–18.00 Uhr 9–15 Jahre; 25 €

c) **Und Sie? Was haben Sie als Kind in den Ferien gern gemacht? Schreiben Sie.**

Als Kind habe ich oft / bin ich oft … / In den Ferien bin ich gern …
Am liebsten bin ich / habe ich mit meinen Freunden …

2 **Ein Ausflug ins Grüne**

a) **Lesen Sie den Text und sehen Sie sich den Prospekt an.**

Sami, Adam und Paulo besuchen zusammen einen Deutschkurs in Offenburg. Sami kommt aus dem Sudan, Adam aus Polen und Paulo aus Portugal. An einem Wochenende im August wollen sie in den Schwarzwald fahren. Dort möchten sie drei Tage auf einem Campingplatz verbringen. Sie lesen Prospekte von Campingplätzen am Titisee.

Campingplatz Bankenhof
Hinterzarten
am Titisee/Hochschwarzwald

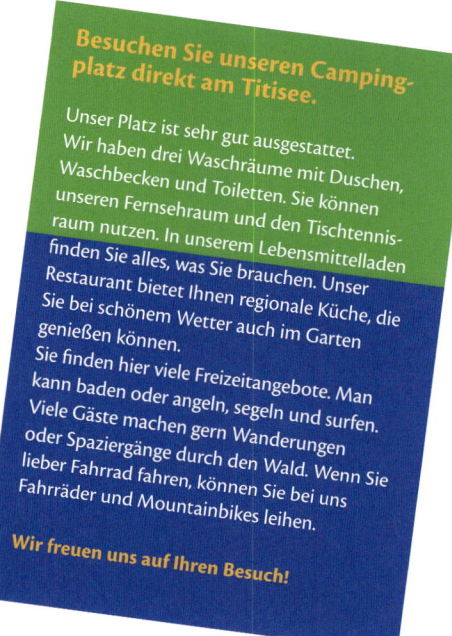

Besuchen Sie unseren Camping-platz direkt am Titisee.

Unser Platz ist sehr gut ausgestattet. Wir haben drei Waschräume mit Duschen, Waschbecken und Toiletten. Sie können unseren Fernsehraum und den Tischtennis-raum nutzen. In unserem Lebensmittelladen finden Sie alles, was Sie brauchen. Unser Restaurant bietet Ihnen regionale Küche, die Sie bei schönem Wetter auch im Garten genießen können.
Sie finden hier viele Freizeitangebote. Man kann baden oder angeln, segeln und surfen. Viele Gäste machen gern Wanderungen oder Spaziergänge durch den Wald. Wenn Sie lieber Fahrrad fahren, können Sie bei uns Fahrräder und Mountainbikes leihen.

Wir freuen uns auf Ihren Besuch!

b) **Paulo hat den Prospekt vom Campingplatz Bankenhof gelesen. Adam und Sami stellen ihm Fragen. Beantworten Sie ihre Fragen.**

1. Wo liegt der Campingplatz?
2. Welchen Sport kann man machen?
3. Kann man dort etwas einkaufen?
4. Wo können wir essen?

c) **Was brauchen die drei Freunde für ihren Ausflug? Machen Sie eine Liste.**

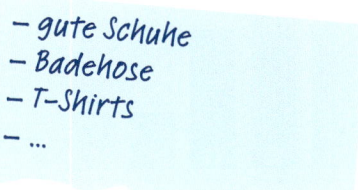

– gute Schuhe
– Badehose
– T-Shirts
– ...

Landeskunde

Viele Informationen bekommt man in Tourismusbüros, z. B. Prospekte über Ausflugsziele und Freizeitaktivitäten, Karten mit Wander- oder Fahrradwegen, Adressen von Campingplätzen, Pensionen, Hotels und Restaurants. Die Touristeninformationen sind meistens auch im Internet zu finden.

1 Im Netz

a) Sehen Sie sich die Grafik an. Welcher Text passt? Kreuzen Sie an.

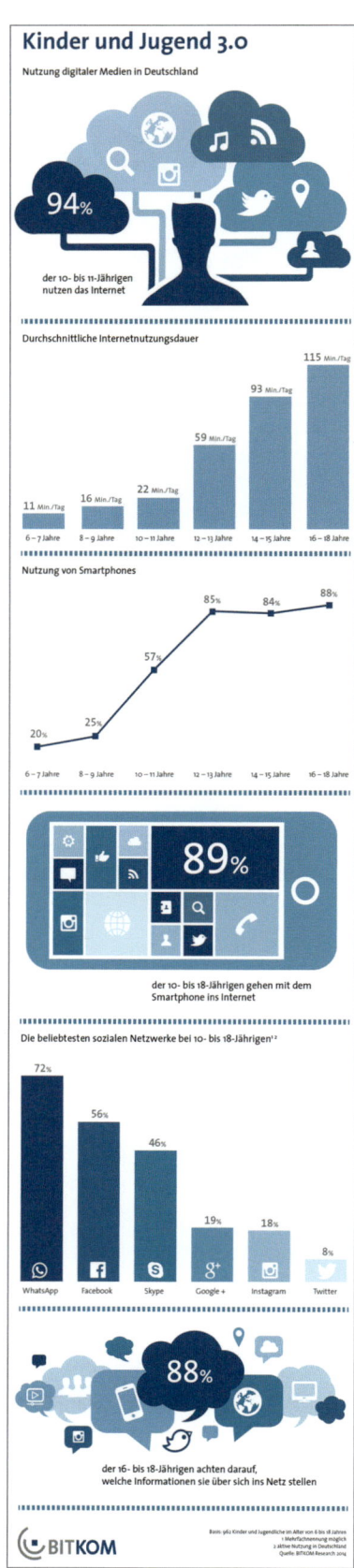

1. ☐ Immer mehr Kinder und Jugendliche nutzen digitale Medien. Dabei surfen die 16- bis 18-Jährigen etwa zehnmal länger pro Tag als zehn Jahre jüngere Kinder. Besonders interessant ist, dass 8,9 von 10 Kindern und Jugendlichen im Alter von 10 bis 18 Jahren mit dem Smartphone ins Internet gehen. Die Grafik zeigt auch, dass Eltern und Schulen Erfolg haben: 88 Prozent der 16- bis 18-Jährigen haben gelernt, dass man nicht alles ins Internet stellen darf.

2. ☐ SMS und Facebook waren gestern! Wer heute dabei sein möchte, nutzt WhatsApp. Das zeigen die Ergebnisse einer Umfrage unter Kindern und Jugendlichen im Alter von sechs bis 18 Jahren. Die meisten 10- bis 18-Jährigen nutzen das Programm auf ihren Smartphones. So können sie ganz einfach immer und überall Nachrichten, Fotos oder Videos empfangen und verschicken. Bei Kindern unter zehn Jahren ist Facebook aber immer noch beliebter als WhatsApp.

3. ☐ Die Umfrageergebnisse aus Deutschland zeigen, dass im Jahr 2014 fast alle Kinder im Alter von zehn bis elf Jahren einen eigenen Computer mit Internetverbindung hatten. Sie waren täglich circa eine halbe Stunde im Internet; WhatsApp und Facebook waren am beliebtesten. Interessant ist auch, dass die meisten Kinder im Alter von sechs bis elf Jahren schon ein Smartphone besitzen. Aber viele Kinder dürfen in diesem Alter nicht ohne ihre Eltern surfen.

b) Viele Fragen bleiben offen. Ergänzen Sie.

> liebsten – mehr – ~~meisten~~ – früh – seltener

1. Die Grafik zeigt, dass die ....*meisten*.......... Kinder und Jugendliche schon .... digitale Medien nutzen.

2. Deshalb müssen wir alle .... für die Sicherheit im Netz tun.

3. Die Grafik erklärt nicht, warum die 14- bis 15-Jährigen Smartphones .... nutzen als die 12- bis 13-Jährigen.

4. Sie zeigt auch nicht, was die 10- bis 18-Jährigen im Internet am .... machen.

2 **Kinder und Medien.** Was sagen die Kinder? Schreiben Sie Nebensätze mit *dass*.

1.

> *Ich habe ein Tablet, aber kein Smartphone.*

Sophia, 8 Jahre

Sophia sagt, *dass sie ein Tablet, aber kein Smartphone hat.*

2.

> *Ich bekomme ein Smartphone zum Geburtstag.*

Leon, 9 Jahre

Leon sagt, ...

....

3.

> *Ich brauche ein Notebook für die Schule.*

Hannes, 11 Jahre

Hannes sagt, ...

....

4.

> *Ich surfe jeden Tag im Internet.*

Michael, 13 Jahre

Michael sagt, ...

....

5.

> *Ich darf keine Filme downloaden.*

Lea, 13 Jahre

Lea sagt, ...

....

3 **Medien im Alltag von Luise**

a) Was passt zusammen? Verbinden Sie. Manchmal gibt es mehrere Möglichkeiten.

Fotos	1	a	bearbeiten
MP3s	2	b	schreiben
eine Schallplatte	3	c	ausleihen
eine Zeitung	4	d	downloaden
Filme	5	e	hören
eine SMS	6	f	abonnieren

Luise Schulte, 27, selbstständige Fotografin.

b) Luise nutzt viele Medien. Ergänzen Sie sinnvolle Verbindungen aus a).

1. Luise ist Fotografin und arbeitet viel am Computer. *Sie bearbeitet Fotos.* ....

2. Luise interessiert sich für Nachrichten, aber sie liest längere Texte nicht gern online.

   ....

3. Sie hört gerne klassische Musik und meint, dass die Musik im MP3-Format nicht gut klingt.

   ....

4. Kinobesuche und DVDs findet sie ziemlich teuer. Zum Glück gibt es Bibliotheken!

   ....

4 **Unterwegs**

19

a) **Wer sagt was? Hören Sie und kreuzen Sie an.**

	Sprecher/in 1	Sprecher/in 2	Sprecher/in 3	Sprecher/in 4	
1.	☐	☐	☐	☐	haben ein Smartphone.
2.	☐	☐	☐	☐	finden Videospiele uninteressant.
3.	☐	☐	☐	☐	findet mit dem Smartphone den Weg zu Kunden.
4.	☐	☐	☐	☐	haben unterwegs Probleme mit der Internetverbindung.
5.	☐	☐	☐	☐	telefoniert mit dem Handy immer nur.
6.	☐	☐	☐	☐	brauchen das Smartphone auch für ihre Arbeit.

b) *Immer, oft, manchmal?* **Hören Sie noch einmal genau zu und korrigieren Sie.**

1. Sprecherin 1 hört auf dem Schulweg immer Musik.

....

2. Sprecherin 2 nutzt das Navigationssystem von ihrem Smartphone. Sie steht nie im Stau.

....

3. Sprecher 3 schickt seine geschäftlichen Mails immer erst aus dem Büro ab.

....

4. Auf Reisen nimmt Sprecher 4 nie ein Handy mit.

....

5 **Ein Brief.** **Wie heißt das? Schreiben Sie die Nomen mit Artikel auf.**

1. ....

2. *der Umschlag* ....

3. ....

4. ....

5. ....

6. ....

6 **Hilfe, mein Computer ist kaputt!** **Schreiben Sie indirekte W-Fragen.**

1.
Was mache ich jetzt?

3.
Wo gibt es eine gute Werkstatt?

4.
Wie lange dauert die Reparatur?

2.
Wer kann mir helfen?

5.
Wie teuer ist ein neuer Computer?

1. Ich weiß noch nicht, *was ich jetzt mache.* ....
2. Hmm, mal sehen, ...
3. Vielleicht weiß Thomas, ...
4. Ich möchte wissen, ...
5. Und dann frage ich ihn noch, ...

7 **Eine schlechte Telefonverbindung.** **Schreiben Sie Sätze mit *ob*.**

> Verkaufe digitale Kamera, 4 Jahre alt, **Minolat XR 600**
> – **Spiegelreflex**, günstiger Preis, ☎ 0221 / 4457784

💬 Hallo, ich habe Ihre Anzeige gelesen. Haben Sie die Kamera schon verkauft?

👌 Wie bitte?

💬 Ich möchte wissen, *ob Sie* ....

👌 Ach so, nein, noch nicht.

💬 Ist die Kamera auch in Ordnung?

👌 Äh, ich habe Sie nicht verstanden.

💬 Ich habe Sie gefragt, ...

👌 Na klar. Sie ist so gut wie am ersten Tag!

💬 Prima. Ihre Telefonnummer ist hier in Köln. Zeigen Sie mir die Kamera?

👌 Entschuldigen Sie, aber die Verbindung ist wirklich schlecht. Können Sie das bitte wiederholen?

💬 Ich möchte wissen, ...

👌 Ja, das ist möglich. Passt es Ihnen morgen Vormittag?

💬 Morgen Nachmittag passt gut.

👌 Nein, das geht nicht. Ich habe Sie gefragt, ...

💬 Ach so, am Vormittag. Moment . Ja, das geht auch. Wo …

8 Reklamation

a) Hören Sie und sprechen Sie nach.

20

1. vor zwei Wochen – vor zwei Wochen im Angebot – Die Uhr war vor zwei Wochen im Angebot.
2. umtauschen – diese Uhr umtauschen – Ich möchte diese Uhr umtauschen.
3. den Kassenzettel – den Kassenzettel leider verloren – Ich habe den Kassenzettel leider verloren.
4. gefällt – sie gefällt – Sie gefällt meinem Mann. – Sie gefällt meinem Mann nicht.

b) Ordnen Sie passende Reaktionen aus a) zu.

💬 Guten Tag, kann ich Ihnen helfen?

🗨 Guten Tag, ...

💬 Warum möchten Sie die Uhr denn umtauschen?

🗨 ....

💬 Wann haben Sie sie denn gekauft?

🗨 ....

💬 Gut, dann brauche ich den Kassenzettel.

🗨 ....

💬 Tut mir leid. Ohne Kassenzettel kann ich die Uhr nicht umtauschen.

9 **Adjektivendungen wiederholen. Ergänzen Sie die Endungen der Adjektive im Akkusativ und kreuzen Sie an.**

	der	die	das	bestimmt	unbestimmt
1. Meine Großeltern haben einen sehr modern*en* Fernseher.	x	☐	☐	☐	x
2. Ich brauche eine schnell........ Internetverbindung.	☐	☐	☐	☐	☐
3. Können Sie mir das billig........ Handy wirklich empfehlen?	☐	☐	☐	☐	☐
4. Ich habe am Wochenende ein sehr gut........ Buch gelesen.	☐	☐	☐	☐	☐
5. Hast du den neu........ Film von Til Schweiger schon gesehen?	☐	☐	☐	☐	☐
6. Toms Vater hat noch eine alt........ Schallplatte von den Rolling Stones.	☐	☐	☐	☐	☐
7. Ich suche einen gebraucht........ Schallplattenspieler.	☐	☐	☐	☐	☐
8. Kannst du mir die neu........ Gartenzeitschrift mitbringen?	☐	☐	☐	☐	☐

10 **Kurznachrichten. Was bedeuten diese Abkürzungen? Schreiben Sie wie im Beispiel.**

1. DD: *drück dich* ....
2. DAD: ....

3. HDL: ....
4. BB: ....

11 **Adjektive in Wortfeldern**

a) **Welches Adjektiv passt nicht?**

1. Temperatur: kalt – ~~windig~~ – warm – heiß
2. Wohnung: schwierig – hell – groß – ruhig
3. Preis: hoch – günstig – teuer – leicht
4. Auto: schnell – lecker – sicher – teuer
5. Ernährung: gesund – falsch – bunt – lecker
6. Hobby: spät – teuer – ungefährlich – beliebt
7. Kleidung: praktisch – früh – elegant – altmodisch

b) **Aus der Zeitung. Ergänzen Sie passende Adjektive aus a) ohne Artikel. Achten Sie auf die Endungen!**

Aktuelles vom Tag

+ NEWS + NEWS + NEWS +

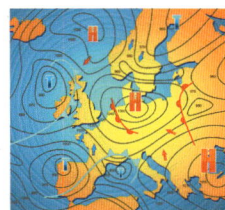

Das Wetter morgen:

.... Sommertag

mit Temperaturen bis 33 Grad.

Stadt plant 3500 .... **Wohnungen für Familien mit drei und mehr Kindern.**

Der Winter war lang:

.... Energiepreise belasten Haushalte.

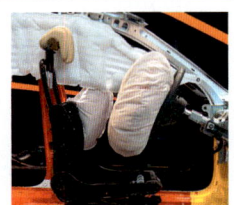

Umfrage:

.... Autos sind Deutschen wichtiger als die Schnelligkeit oder der Preis.

Krankenkassen melden immer mehr Krankheitsfälle durch

.... Ernährung.

Tanzschulen melden Rekordzahlen:

Tanzen wieder .... Hobby bei Jung und Alt.

1 **Ein typischer Tag im Büro.** **Ergänzen Sie die Partizip-II-Form der Verben.**

> ausschalten – beantworten – ~~einschalten~~ – lesen – öffnen –
> schreiben – speichern – verschicken – weiterleiten

Gestern hat Paula Sturm gleich um acht Uhr morgens ihren Computer _eingeschaltet_ und das

E-Mail-Programm .... Dann hat sie die Mails von gestern Abend ....

und sofort .... Wichtige Anhänge hat sie .... Manche Mails hat sie auch

an ihre Kollegen .... Dann hat sie viele Mails an Kunden ....

und .... Und um 17 Uhr hat sie dann endlich den Computer .... und

ist nach Hause gegangen.

2 **Eine private E-Mail.** **Lesen Sie die Mail und beantworten Sie die Fragen.**

Von:	carlos.montero@web.de
An:	Lara Mandl
CC:	Pedro Mato

Betreff: Urlaub ist toll

Anhang: Wandern.jpg; Salzburg.jpg

Liebe Lara,

dein Tipp war super.

Der Urlaub ist toll. Ich habe schon viele interessante Dinge gesehen. Das Essen ist auch

sehr gut, ich bin jetzt ein Schnitzel-Fan. Man kann hier auch so viel machen, es gibt viel

Kultur: Museen, Geschichte, Konzerte! Wien ist sehr schön und Salzburg ist die

Mozartstadt. Du weißt, ich mag Mozart sehr. Ich bin auch sehr aktiv und wandere viel in

den Bergen. Anbei schicke ich dir ein paar Fotos. Super – oder?

Liebe Grüße

Carlos

1. Wer verschickt die E-Mail? .... ist der Absender.

2. Wo hat der Absender hat ein E-Mail-Konto? Bei ....

3. Wer bekommt die E-Mail? .... ist die Empfängerin.

4. Wer bekommt die E-Mail auch? .... bekommt eine Kopie.

5. Was ist das Thema? Der Absender schreibt über den ....

6. Was ist im Anhang? Der Empfänger bekommt ....

3 Medien im Angebot

**Lesen Sie die Situationen 1–4 und die Internet-Anzeigen a–f. Finden Sie für
jede Situation die passende Anzeige. Für eine Aufgabe gibt es keine Lösung.
Markieren Sie in diesem Fall das X.**

1. ☐ Sie suchen einen günstigen Handyvertrag für Ihren Sohn.
2. ☐ Ihr Fernseher ist kaputt. Sie suchen einen neuen.
3. ☐ Sie und ihre Familie nutzen zu Hause oft einen Computer. Sie brauchen einen neuen mit viel
   Speicherplatz.
4. ☐ Sie haben Ihr Handy verloren und wollen günstig ein Handy aus zweiter Hand kaufen.

a)

kabelfernsehensued.de

Kabelfernsehen Süd
Top Preise, Top Qualität
Tarif TV Komfort mit digitalem HD-Video-
Rekorder (keine Sendungen mehr verpassen)
Bis zu 37 HD-Sender
100 digitale TV-Sender
viele digitale Radiosender
Monatlicher Preis: ab **9,99 €**
(Mindestvertragslaufzeit: 24 Monate)
mehr

b)

bnetz/tarif-m.com

B-Netz
Mehr Geschwindigkeit und mehr Surfspaß
Tarif M Premium
– 2 GB Highspeed-Volumen
– HotSpot Flat
– Internet-Telefonie (VoIP)
monatlich: nur **24,95 €**
(Mindestlaufzeit: 24 Monate)

c)

jumbomobil.com

Jumbo mobil
einfach gut und günstig

Der starke Spar-Tarif Basic XS
☎ 250 Minuten in alle deutschen Netze
✉ 9 Cent/SMS in alle deutschen Netze
🌐 Internet-Flat 250 MB
ab **9,99 €** monatlich
mehr

d)

fernsehmarkt.de

Saba SHD32
Fernseher superbillig – superklasse!

Entdecken Sie das Fernsehen in Full HD.
Die HD-Bilder zeigen Ihre Lieblingsprogramme
in einer fantastischen Qualität. So macht
Fernsehen Spaß!

Technische Daten:
Bildschirmdiagonale: 80 cm (32 Zoll)
Bildschirmauflösung: 1.920 x 1.080

305, -
inkl. MwSt.

e)

simon.de/desktop

Neu! Simon Desktop 500
Sehr kompakt und leistungsstark
Ideal für die Arbeit im Homeoffice oder als
Familien-PC

Intel®-Prozessor
Betriebssystem: Windows 10
Arbeitsspeicher: 8 GB
Festplatte: 1 TB
Jetzt ab **659 €**

Inkl. MwSt., 29 € Versandkosten

f)
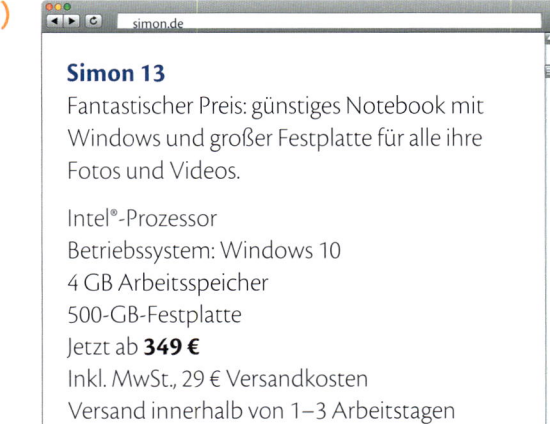

simon.de

Simon 13
Fantastischer Preis: günstiges Notebook mit
Windows und großer Festplatte für alle ihre
Fotos und Videos.

Intel®-Prozessor
Betriebssystem: Windows 10
4 GB Arbeitsspeicher
500-GB-Festplatte
Jetzt ab **349 €**
Inkl. MwSt., 29 € Versandkosten
Versand innerhalb von 1–3 Arbeitstagen

6 Ausgehen, Leute treffen

1 Sommerprogramm

a) Lesen Sie das Programm. Ordnen Sie die Fotos den Texten zu.

http://www.kultur-an-der-ruhr.de/

a   b   c   d   e

1. ☐ Immer sonntags, immer 10 Uhr, immer draußen, immer anders – so heißt die neue
Sommeraktion im Westpark. Neben internationalen Musikern und Theatergruppen gibt es
auch tolle Straßenkünstler, Workshops, Spiele zum Mitmachen und vieles mehr. Mit diesem
bunten Kulturangebot möchte die Stadt im Sommer BürgerInnen und Gäste zum Kennenlernen
einladen. Infos & Programm gibt es hier.

2. ☐ Die **Plattenküche** ist ein Tipp für alle, die einen netten Abend mit Kollegen, Freunden oder
auch zu zweit erleben möchten. Das Plattenküche-Team bietet im Restaurant am Park (mit
großem Biergarten!) ab 20 Uhr gute und günstige Menüs an. Danach geht es mit einem ganz
besonderen Dessert weiter: Ab 22 Uhr serviert ein DJ heiße Musik aus den 70er und 80er Jahren.
Sie finden, das klingt gut? Dann reservieren Sie Ihren Abend gleich online ⤴!

3. ☐ Das **CentrO** in Oberhausen gehört mit 115.000 m² zu den größten Einkaufszentren in Europa.
Die moderne ‚Stadt in der Stadt‘ unter dem 30 Meter hohen Glasdach lädt auch bei schlechtem
Wetter zu einem Bummel ein und ist nicht nur in Oberhausen beliebt. Mehr als 260 Geschäfte
bieten fast alles an, was die Kunden wünschen: Kleidung, Elektroartikel, Möbel, Sportartikel oder
auch Lebensmittel. Geöffnet Mo.–Sa. von 9 bis 22 Uhr. Lesen Sie mehr ⤴.

4. ☐ Die **Lesebrille** ⤴ ist mehr als ein Buchladen. Sie ist ein beliebter Treffpunkt für alle, die gerne
lesen und Leute treffen. Die Lesebrille bietet auch in diesem Sommer in ihrem Café mit Terrasse
jeden Freitagabend Lesungen von verschiedenen Autoren und Autorinnen an. Neu im Angebot:
eine Schreibwerkstatt mit den Autoren und Autorinnen für alle Menschen mit Lust aufs
Schreiben. Ende August gibt es dann eine Sonderlesung für diese Texte; interessante Gespräche
bei gutem Wein inklusive. Interessiert? Dann kommen Sie doch einfach mal vorbei!

5. ☐ Neuer Treffpunkt für Kartenspieler! Das **Pik Ass** ⤴ ist eine moderne Musikkneipe mit
Biergarten. Seit Anfang Juni gibt es an den Wochenenden auch Skatturniere am Westpark.
Kommen Sie vorbei und probieren Sie auch unsere leckeren Snacks und das selbst gemachte Bier.
Lernen Sie viele nette Leute kennen, die auch gerne Karten spielen. Es sind auch noch einige
Termine für Stammtische offen. Dienstag – Sonntag, 17–24 Uhr. Unser Küchenteam ist bis 22 Uhr
gerne für Sie da!

b) Lesen Sie noch einmal. Ergänzen Sie die Tabelle.

Wo?	Was?	Wann?

c) Wer macht was? Hören Sie und ordnen Sie die Angebote aus 1 a) zu.

21

Dialog 1: Mona ☐ und Frank ☐   Dialog 2: Li ☐   Dialog 3: Sven ☐ und Ute ☐

2   Ausgehen

a) Was ist das? Sie hören jedes Rätsel zweimal. Notieren Sie die Lösung.

22

1. ....   6. ....

2. *Billard* ....   7. ....

3. ....   8. ....

4. ....   9. ....

5. ....   10. ....

b) Überprüfen Sie Ihre Lösungen mit den Nomen aus dem Wortgitter. Finden Sie alle?

K	R	S	V	R	I	C	G	X	H	M	B	X	B	T	N	A	Q
V	G	T	Q	Z	K	R	S	T	U	K	E	O	N	B	O	G	E
N	Q	A	N	K	I	N	J	Q	P	P	X	U	S	C	W	H	Y
C	W	M	T	E	N	**B**	**I**	**L**	**L**	**A**	**R**	**D**	A	S	G	U	D
K	D	M	H	K	O	N	Z	E	R	T	X	R	N	R	O	O	D
F	P	T	E	S	B	C	A	S	C	H	W	I	M	M	B	A	D
D	N	I	A	T	A	A	Q	U	A	R	I	U	M	M	A	G	E
R	E	S	T	A	U	R	A	N	T	R	P	N	H	C	A	D	V
N	A	C	E	D	N	M	G	G	Q	T	R	P	I	F	R	D	E
Q	D	H	R	I	H	L	E	S	U	N	G	B	B	Y	H	S	C
L	R	A	U	O	L	M	N	R	B	D	C	N	A	S	D	D	Q
N	N	O	D	N	R	C	O	I	V	E	Y	A	I	H	G	N	X

3   Was machen wir heute Abend? **Romy möchte mit Florian ausgehen. Ergänzen Sie.**

~~schon gegessen haben~~ – keine Lust haben – schon verabredet sein – schon gesehen haben

💬 Du, Florian, ich würde gern mal wieder mit dir essen gehen. Hast du Lust auf Steak?

👌 *Ach nee, ich habe schon gegessen.* ....

💬 Schade. Hast du vielleicht Lust auf Kino? Der neue Film von Til Schweiger läuft im Capitol.

👌 *Den* ....

💬 Wir können auch Billardspielen gehen.

👌 ....

💬 Soll ich Sofia und Carlos mal fragen, ob sie Lust auf einen Spieleabend haben?

👌 Ich habe Carlos gerade getroffen. *Sie* ....

💬 Was würdest du denn gerne machen? Mach doch auch mal einen Vorschlag!

👌 Keine Ahnung. Heute Abend kommt Fußball im Fernsehen. Haben wir noch Chips?

4 **Beim Imbiss**

a) **Sehen Sie sich das Foto an und lesen Sie die Aussagen. Richtig oder falsch? Kreuzen Sie an.**

	richtig	falsch
1. Man muss nicht lange auf das Essen warten.	☐	☐
2. Man kann die Gerichte mitnehmen.	☐	☐
3. Manche Gerichte gibt es fast nur im Imbiss.	☐	☐
4. Das Essen im Imbiss ist besonders gesund.	☐	☐
5. Man muss am Imbiss immer draußen essen.	☐	☐
6. Das Essen im Imbiss ist ziemlich teuer.	☐	☐

b) **Lesen Sie den Text und die Speisekarte. Waren Ihre Angaben aus a) richtig?**

Manchmal hat man nur wenig Zeit oder keinen großen Appetit. Dann gehen viele Menschen zum Imbiss. Man bestellt etwas und muss nicht lange warten. Oft kann man nur im Stehen essen. Weil das nicht so gemütlich ist, nehmen viele ihr Essen lieber mit. An manchen Imbissen kann man auch nur draußen essen. Schnell essen muss man aber nicht.

Imbisse sind in Deutschland sehr beliebt. Es gibt sie fast überall, zum Beispiel an großen Straßen, oder am Bahnhof. Es gibt auch Imbisse, die internationale Gerichte anbieten. Kritiker meinen, dass das Essen in einem Imbiss nicht gesund ist, weil es oft viele Kalorien hat. Aber man muss ja nicht jeden Tag Bratwurst essen und in den meisten Imbissen kann man auch einen Salat bestellen. Und eine Currywurst findet man in den meisten deutschen Restaurants auch gar nicht auf der Speisekarte! Für weniger als fünf Euro kann man in einem Imbiss schon ziemlich viel bestellen. Das glauben Sie nicht? Dann sehen Sie sich mal das Angebot von Monis Imbiss an. Nicht schlecht, oder?

Monis Schnellimbiss

Tagesgericht	3,50 €
½ Hähnchen	3,00 €
1 Paar Wiener	2,50 €
Bratwurst	2,20 €
Currywurst	2,40 €
Pommes Frites	1,80 €
Salat klein	1,60 €
Salat groß	3,80 €
Brötchen	0,30 €
Ketchup/Mayonnaise	0,20 €

c) **Typisch Imbiss! Ergänzen Sie die Sätze mit Relativpronomen im Nominativ.**

1. **Menschen**, *die in einen Imbiss gehen*, haben oft nicht viel Zeit zum Essen. (Sie gehen in einen Imbiss.)

2. Die **Gerichte**, ..., kann man auch mitnehmen. (Sie sind nicht teuer.)

3. Das **Essen**, ..., hat oft viele Kalorien. (Es ist schnell gemacht.)

4. Kritiker meinen, dass **Menschen**, ..., nicht gesund leben. (Sie essen oft in einem Imbiss.)

5. Die **Currywurst**, ..., finden viele besonders lecker. (Es gibt sie fast in jedem deutschen Imbiss.)

5 **Festtagsessen.** Susanne und Olaf feiern ihre Hochzeit im Restaurant zur Post. Der Kellner beschreibt den Gästen die Gerichte. Schreiben Sie Relativsätze.

1. Der Sommersalat ist ein besonders frischer Salat aus **Gemüse**, *das wir aus unserm eigenen Garten bekommen.*

   Wir bekommen es aus unserem eigenen Garten.

2. Unsere Hochzeitssuppe ist eine leichte **Suppe**,

   ....

   Wir kochen sie mit etwas Rindfleisch und kleinen Klößen.

3. Ein Cordon Bleu ist **Fleisch** von einem jungen Rind,

   ....

   Man brät es in einer Pfanne mit Schinken und Käse.

4. Das ist ein ganzer **Fisch**,

   ....

   Wir braten ihn in Butter.

5. Das ist ein **Dessert** aus roten Früchten,

   ....

   Unsere Gäste bestellen es sehr gerne.

6. Das ist ein **Apfelkuchen**,

   ....

   Wir servieren ihn warm mit etwas Sahne.

Hochzeitsssuppe oder Sommersalat

Cordon Bleu mit Butterreis und Salat oder Forelle Müllerin mit Salzkartoffeln

Rote Grütze mit Vanillesoße oder Apfelstrudel mit Sahne

b) **Sie sind der Gast. Ergänzen Sie den Dialog. Die Redemittel auf Seite 105 im Kursbuch helfen bei der Bestellung.**

💬 Was darf ich Ihnen als Vorspeise bringen? Die Hochzeitssuppe oder den Sommersalat?

👄 *Ich hätte gern* ....

💬 Sehr schön. Möchten Sie zum Hauptgericht das Cordon Bleu oder die Forelle Müllerin?

👄 ....

💬 Sind Sie zufrieden? ....

💬 Sie möchten ein Dessert? Nehmen Sie das Vanilleeis mit roter Grütze oder lieber den Apfelstrudel mit Sahne?

👄 ....

6 **Leute kennenlernen.** Ergänzen Sie die Sätze mit Relativpronomen im Nominativ oder Akkusativ. Markieren Sie wie im Beispiel.

1. Kennst du die junge Frau, *(Nom./Akk.)* ...*die*... gerade mit Ruth spricht?

2. Ist das der Portugiese, *(Nom./Akk.)* .... du im Urlaub kennen gelernt hast?

3. Wie findest du den neuen Mitbewohner, *(Nom./Akk.)* .... ich dir gestern vorgestellt habe?

4. Ist das das Kind von Kathrin, *(Nom./Akk.)* .... so gut Klavier spielen kann?

5. Ist das nicht der Student, *(Nom./Akk.)* .... den Literaturpreis gewonnen hat?

6. Darf ich vorstellen? Das ist die Frau, *(Nom./Akk.)* .... ich beim Speed-Dating getroffen habe.

7. Wer ist denn die da, *(Nom./Akk.)* .... neben Thomas steht?

8. Das sind Güls Eltern, *(Nom./Akk.)* .... die zu ihrem Geburtstag aus Berlin gekommen sind.

7 **Im Restaurant.** Wörter in Paaren lernen: Ergänzen Sie.

> Fleisch – Stuhl – Pfeffer – Tasse – ~~Rotwein~~ – Gabel – Tee – Reis

1. Tisch und ....

2. Teller und ....

3. Messer und ....

4. Salz und ....

5. Nudeln oder ....?

6. Weißwein oder ..*Rotwein*................?

7. Fisch oder ....?

8. Kaffee oder ....?

8 **Auf dem Tisch.** Notieren Sie die Wörter mit Artikel und Pluralform.

1 ....
2 ....
3 ....
4 ....
5 ....
6 ....
7 ....
8 ....

9 **Entschuldigen Sie, ...**

a) Ergänzen Sie die Tabelle.

Grammatik

	Nominativ	Dativ		Nominativ	Dativ
Singular	ich	*mir*	Plural	wir	....
	du	....		ihr	....
	er/es/sie	...... /		sie/Sie	.... /

b) Ergänzen Sie passende Dativpronomen aus der Tabelle in a).

1. Du hast noch nicht bestellt? Ich sage dem Ober, dass er ..*dir*.. eine Karte geben soll.

2. Entschuldigung, ich habe kein Messer. Bringen Sie .... bitte eins?

3. Meine Frau braucht einen Löffel für die Suppe. Würden Sie .... einen bringen?

4. Wir nehmen zum Eis einen Dessertwein. Bitte bringen Sie .... zwei Gläser.

5. Seine Serviette ist unter den Tisch gefallen. Geben Sie .... eine neue, bitte?

6. Sie möchten zahlen? Ich bringe .... gleich die Rechnung.

10 Fremd essen gehen

a) Lesen Sie den Text. Wie viele Leute lernt man an einem Abend bei „Fremd essen gehen" kennen?

a) ☐ vier Gäste   b) ☐ acht oder neun Gäste   c) ☐ zehn oder elf Gäste

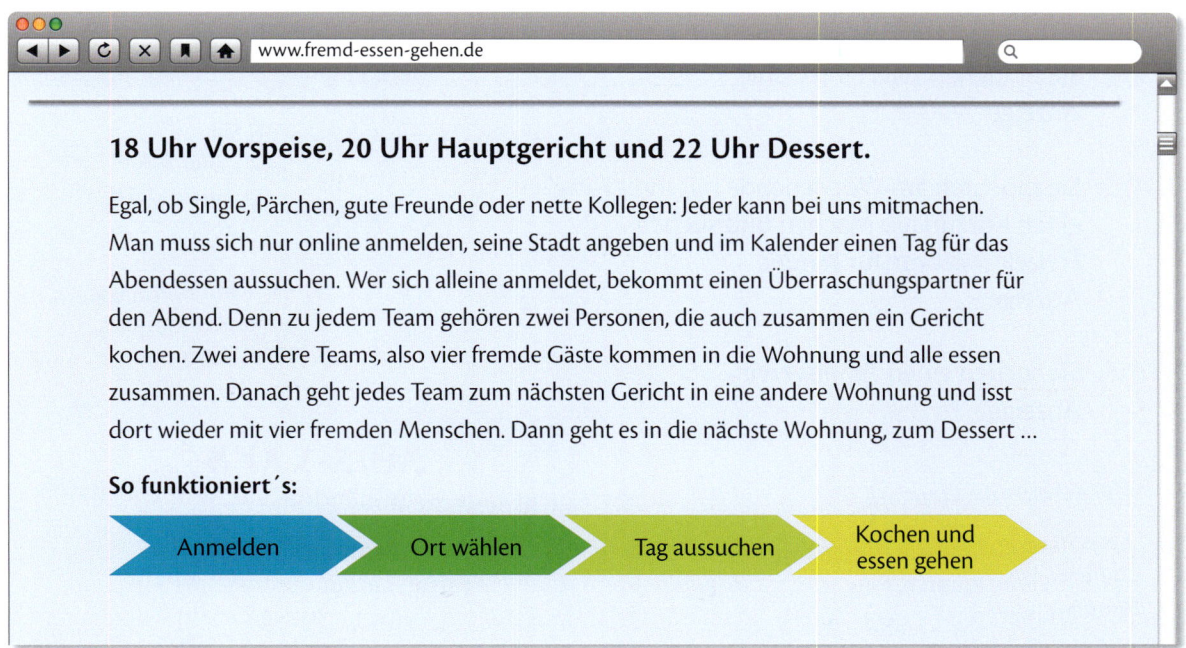

www.fremd-essen-gehen.de

18 Uhr Vorspeise, 20 Uhr Hauptgericht und 22 Uhr Dessert.

Egal, ob Single, Pärchen, gute Freunde oder nette Kollegen: Jeder kann bei uns mitmachen. Man muss sich nur online anmelden, seine Stadt angeben und im Kalender einen Tag für das Abendessen aussuchen. Wer sich alleine anmeldet, bekommt einen Überraschungspartner für den Abend. Denn zu jedem Team gehören zwei Personen, die auch zusammen ein Gericht kochen. Zwei andere Teams, also vier fremde Gäste kommen in die Wohnung und alle essen zusammen. Danach geht jedes Team zum nächsten Gericht in eine andere Wohnung und isst dort wieder mit vier fremden Menschen. Dann geht es in die nächste Wohnung, zum Dessert …

So funktioniert´s:

Anmelden ➤ Ort wählen ➤ Tag aussuchen ➤ Kochen und essen gehen

b) Wie war der Abend? Ergänzen Sie die Pronomen im Dativ oder Akkusativ.

1. 💬 Hallo, ihr wart doch auch bei „Fremd essen gehen". Wie hat es .... geschmeckt?

   👍 Naja, das Fleisch war ziemlich trocken. Sie haben .... zu lange gebraten.

2. 💬 Wo ist Eva? Ich wollte .... zu ihrem tollen Dessert gratulieren.

   👍 Keine Ahnung. Ich habe .... vor zwei Minuten noch in der Küche gesehen..

3. 💬 Ich habe bei Tanja und Ingo zu viel Eis gegessen. Jetzt geht es .... nicht so gut.

   👍 Trink einen heißen Tee. Das hat .... auch schon oft geholfen.

4. 💬 Ich möchte das auch einmal machen. Meldest du .... an?

   👍 Nächsten Samstag ist wieder ein Termin frei. Natürlich melde ich .... im Internet an.

1 Kleinanzeigen. Lesen Sie die Anzeigen und die Sätze. Welche Anzeige passt?
Für einen Satz gibt es keine Lösung. Schreiben Sie hier den Buchstaben X.

1. Sie möchten Englisch lernen, vielleicht auch einen Kurs in England machen.
Anzeige ☐

2. Sie möchten mit Freunden am Sonntagmittag chinesisch essen gehen.
Anzeige ☐

3. Sie suchen eine billige Kaffeemaschine.
Anzeige ☐

4. Sie brauchen zwei Holzstühle.
Anzeige ☐

5. Sie möchten am Wochenende mit Ihrer Familie einen Kurzurlaub machen und suchen Freizeitangebote für Kinder.
Anzeige ☐

6. Sie suchen einen Tennisverein.
Anzeige ☐

CHINA-RESTAURANT
„Zum Lotusgarten"

Täglich geöffnet von 18 bis 23 Uhr.
Großer Garten.

☎ 06 11 / 23 55 91

a)

Wo gibt's denn so was? Nur bei uns:
Elektro-König
Alt Praunheim 41, Frankfurt/Main
Tel. 069 / 76 75 03 94
Wir führen für Sie:
Haushaltsgeräte aller Art ab € 20,–.
Wir geben 24 Monate Garantie.

b)

Tischtennisverein Weende
sucht nette Mitspieler.
☎ 061 51 / 23 59

c)

ASIA-LAND
Chinesische und indonesische Spezialitäten

Montag: Ruhetag
Öffnungszeiten durchgehend
von 11.30 bis 22 Uhr
Telefon 06 11 / 56 88 92

e)

Sprachschule LINGUA

Sprachkurse: Englisch, Französisch,
Italienisch, Spanisch u. v. m.
Sprachreisen
Infomaterial: www.lingua.de
oder: 65824 Schwalbach,
Danziger Straße 12, ☎ 061 96 / 15 52

d)

Verschenke runden Balkontisch aus
Metall, weiß, 90 cm Platte, dazu zwei
blaue Plastikstühle an Selbstabholer.
Tel. 06 11 / 55 34 99

g)

Campingplatz am Dutenhofener See im idyl-
lischen Landpark zwischen Gießen und Wetz-
lar. Freizeitangebot: Segeln, Surfen, Rad-
fahren, Kanufahren auf der Lahn, Joggen,
Reiterhof und viele weitere Angebote für
Kinder.

f)

Tennisclub Weißensee e.V.
• für Anfänger und Profis
• 7 Sandplätze
• erfahrene Trainer
• Schnuppertraining möglich
☎ 030/ 927 08 47

h)

Landeskunde

In der Tageszeitung finden Sie vor allem am Wochenende viele Kleinanzeigen. Auch die „Gelben Seiten" helfen bei der Suche. Sie bekommen sie bei der Post oder schauen im Internet unter www.gelbeseiten.de.

2 **Ein Sportverein.** Lesen Sie die Informationen und füllen Sie dann die Anmeldung für Frau Bromberger aus.

Astrid Bromberger möchte mehr Sport treiben. Sie interessiert sich für Tischtennis und für alle Ballspiele, aber nicht für Fußball. Sie möchte auch etwas für ihre Gesundheit tun, weil sie oft Rückenschmerzen hat.

Sie hat ein Anmeldeformular vom Sportverein Harheim bekommen. Sie findet den Verein nicht teuer und möchte Mitglied werden. Sie hat ein Konto bei der Postbank.

Frau Bromberger möchte noch gerne wissen, ob es Rückengymnastik und ob es auch Angebote nur für Frauen gibt.

Frau Bromberger ist 35 Jahre alt. Sie wohnt in der Wiesen-straße 12 in 60385 Frankfurt. Ihre Telefonnummer ist 069 / 45 53 38, im Büro: 069 / 230 15 55. Ihre E-Mail-Adresse ist: abromberger@gmx.de

---

TURN- UND SPORTVEREIN HARHEIM
ANMELDUNG

Hiermit beantrage ich die Mitgliedschaft im TuS Harheim.

1. Personalien

Name	Vorname
_____	_____
Straße	Wohnort
_____	_____
Alter	Telefon privat
_____	_____
E-Mail	

_____

2. Interessen (bitte ankreuzen)

☐ Fußball   ☐ Handball   ☐ Reiten
☐ Tischtennis   ☐ Volleyball   ☐ Gymnastik
☐ Tanzen   ☐ Karate

3. Beiträge

Die Beiträge betragen im Jahr:
Erwachsene: 90,- Euro
Kinder & Jugendliche: 50,- Euro
Studenten & Auszubildende: 50,- Euro
Familien: 135,- Euro

EINZUGSERMÄCHTIGUNG
Ich bin damit einverstanden, dass der Mitgliedsbeitrag von meinem Konto

Kontonummer	Bankleitzahl
70345–603	500 100 60

bei (Kreditinstitut) _____
abgebucht wird.

4. Weitere Fragen

_____

_____

_____

1 **Schönes Landleben?** Lesen Sie den Artikel und die Kommentare. Zu welchen Textzeilen passen die Kommentare?

http://www.lebenheute.de/

So schön ist es nur auf dem Land, oder?

Viele Menschen aus der Stadt denken bei dieser Frage zuerst an viel Natur, gute Luft und Ruhe, wenig Verkehr, schöne Bauernhöfe mit Tieren und viel Platz für die Kinder. Das Obst und Gemüse kommt aus dem eigenen Garten, Milch und Eier vom Bauernhof und das
5 Brot aus dem eigenen Backofen. Und die Mieten sind nicht so hoch wie in der Stadt. In einem Dorf lebt man gut, gesund und günstig. Man ist viel draußen, jeder kennt jeden und alle haben viel Zeit für die Familie, Freunde und für ihre Hobbys. Dieses Bild vom schönen Landleben kennen wir aus bunten Magazinen und aus dem Fernsehen.
10 Aber der Alltag auf dem Land sieht oft ganz anders aus: Ein schöner Garten macht viel Arbeit. Zum Einkaufen oder für die Fahrt zur Arbeit braucht man ein Auto, denn oft sind die Busverbindungen schlecht. Die Kinder muss man nachmittags zum Sport oder Musikunterricht bringen. Auch die Wege zum Arzt oder ins Krankenhaus sind weit.
Sie haben beim letzten Einkauf den Kaffee vergessen? In einer großen Stadt ist das kein Problem,
15 denn in der Nähe gibt es bestimmt einen Supermarkt, ein Café oder einen Bäcker. Langweilig ist es auch nie, denn abends läuft im Kino in der Nähe bestimmt ein interessanter Film, und eine nette Kneipe ist auch nicht weit. Ein Auto braucht man nicht, weil Bus und U-Bahn regelmäßig und auch nachts fahren. Spazierengehen und Joggen kann man im Stadtpark, den es in jeder Stadt gibt. Heute gibt es in Deutschland immer mehr Dörfer mit immer weniger Menschen. Viele junge
20 Familien mit Kindern ziehen in eine Stadt, weil sie nur dort Arbeit finden. In den meisten Dörfern leben heute schon mehr alte als junge Menschen. Kindergärten, Schulen, Geschäfte, die Post und Banken schließen und viele Häuser stehen leer. So schön frisch und romantisch wie das Bild vom Landleben aus Fernsehen und Magazinen ist das sicher nicht!

Kommentare	Zeilen
Maxwell Ich lebe in einem Hochhaus. Meine Nachbarin leiht sich auch manchmal Kaffee bei mir aus. Ich kenne sie schon lange und wir helfen uns immer.	14–15
AniAna Ich bringe meine Kinder auch immer zur Musikschule. Das ist nicht weit, aber ich möchte nicht, dass sie alleine mit der U-Bahn fahren. Sie sind noch zu klein.	....
Lisl89 Wir wohnen in der Stadt. Aber unser Brot backen wir fast immer selbst. Eier, Käse, Obst und Gemüse kaufen wir bei Biobauern auf dem Markt.	....
Socke Das tolle Freizeitangebot in der Stadt ist mir egal. Hier kenne ich alle. In meinem Sportverein oder in der Dorfkneipe treffen wir uns – auch ohne Terminkalender. Das finde ich gut.	....
PIPU Ich möchte mir gar nicht vorstellen, wie es in unserem Dorf in zehn oder zwanzig Jahren aussieht.	....
IRENEX Wir sind nicht mehr die Jüngsten und wollen wieder in die Stadt ziehen. Da sind die Wege kürzer und man ist auch schneller beim Arzt.	....
DolceVita Das verstehe ich gut. Sicher ist das Leben mit Kindern auf dem Land schön, aber ohne Arbeit... Was soll man da machen?	....

2 Leben auf dem Land

a) Notieren Sie fünf Vorteile und fünf Nachteile. Der Text in Aufgabe 1 hilft.

Vorteile   Nachteile

.... ☐   .... ☐

.... ☐   .... ☐

.... ☐   .... ☐

.... ☐   .... ☐

.... ☐   .... ☐

b) Hören Sie das Interview mit Frau Langhans.
23   Vergleichen Sie ihre Aussagen mit Ihrer Tabelle.
Was ist gleich? Kreuzen Sie an.

3 Zu Hause – wo ist das?

a) Was passt zusammen? Verbinden Sie.

☐ Ich bin da zu Hause, **1**   **a** und möchten hier auch bleiben.
☐ Wir müssen beruflich oft umziehen **2**   **b** da fühle ich mich wohl.
☐ Wo man mich kennt, **3**   **c** wo meine Familie ist.
☐ Wir leben in meinem Elternhaus **4** **d** weil das Stadtleben zu stressig ist.
☐ Mein Zuhause ist mein kleines Dorf, **5** **e** und fühlen uns fast überall zu Hause.

b) Hören Sie noch einmal das Interview aus Aufgabe 2. Wo fühlt Frau Langhans sich zu
23   Hause? Kreuzen Sie in a) an.

4 Stadt und Land. Vergleiche. Ergänzen Sie *so ... wie* oder *als*. Bei Vergleichen mit *als* streichen Sie eine Lücke wie im Beispiel.

1. Vielen gefällt das Leben auf dem Land ..../........ besser ...*als*... das Leben in der Stadt.

2. Aber in der Stadt lebt man nicht .... ruhig .... in einem Dorf.

3. In den Städten gibt es .... mehr Verkehr .... auf dem Land.

4. Oft sind die Busverbindungen auf dem Land .... schlechter .... in der Stadt.

5. Die Mieten sind in der Stadt .... höher .... auf dem Land.

6. Auf dem Land ist das Kulturprogramm nicht .... attraktiv .... in einer Stadt.

7. In Kleinstädten ist das Freizeitangebot auch nicht viel .... schlechter .... in der Großstadt.

8. In einem Dorf hat man nicht .... viele unbekannte Nachbarn .... in der Stadt.

9. Der Weg zur Arbeit oder zum Einkaufen ist in der Stadt nicht .... weit .... auf dem Land.

5 **Ein Gespräch unter Kollegen.** Ergänzen Sie den Dialog mit den Verben *sein* und *haben* im Präteritum.

Stefan: Wir _hatten_ vor zwei Jahren noch eine Altbauwohnung in der Stadt. Dann sind wir aufs Land gezogen. Das _war_ eine gute Entscheidung, aber am Anfang _sind_ es für uns nicht so einfach. Wir _hatten_ zuerst keinen Kindergartenplatz für unsere Tochter und wir _hatten_ nur ein Auto. Aber jetzt ist alles organisiert und die ganze Familie ist mit dem Leben auf dem Dorf sehr zufrieden!

Kai: Jetzt mal ehrlich, Stefan, ich komme aus einem kleinen Dorf und da _war_ es früher schon nicht besser als in der Stadt. Sicher, wir _hatten_ als Kinder viel Platz zum Spielen und unsere Nachbarn _waren_ auch ganz nett. Ich meine ja auch nicht, dass alles schlecht _war_. Aber schon mit 14 wollte ich nur noch weg. Meine Schulfreunde aus der Stadt _waren_ im Kino, und ich habe zu Hause gesessen und das _war_ furchtbar langweilig.

Stefan: Naja, in dem Alter _waren_ wir bei uns in Hamburg aber auch nicht oft im Kino. Ich _war_ gar nicht so viel Geld! Aber ihr _hattet_ auf dem Land doch schon Internet, oder?

Kai: Internet? Bei uns, damals? Ich _war_ schon froh, dass ich fernsehen durfte.

6 **Modalverben *können*, *müssen*, *wollen* und *dürfen* im Präteritum.** Ergänzen Sie die Modalverben und schreiben Sie die Antworten.

1. ✑ Ihre Altbauwohnung gefällt mir. Sie ist sicher nicht ganz billig. _Mussten_ Sie **lange suchen**?

   ✍ *Nein, wir mussten nicht lange suchen. Der Vermieter ist ein Kollege von mir.*

2. ✑ Zum Glück _konnte_ ich auch nach der Schule noch **bei meinen Eltern wohnen**.

   ✍ Das war bei mir nicht möglich. *Ich konnte* weil es auf dem Land keine Universitäten gibt.

3. ✑ _Durfte_ Tina eigentlich **alleine leben**? Ich meine, sie war doch erst 16. Ihre Eltern waren bestimmt dagegen, oder?

   ✍ Nein, _durfte nicht " "_ Bis sie 18 war, hat sie bei einer Tante gewohnt.

4. ✑ _Musstest_ du **im Haushalt helfen**, als du noch bei deinen Eltern gewohnt hast?

   ✍ Ja, _Ich musste_. Ich habe zum Beispiel jeden Samstag die Schuhe geputzt.

5. ✍ _Wolltet_ ihr eigentlich schon immer **aufs Land ziehen**?

   ✑ Nein, _wir wollen_ In der Stadt hat es uns viel besser gefallen. Aber leider sind die Mieten dort sehr hoch und wir hatten auch keinen Garten.

7 **Die Wohnungsbesichtigung**

a) **Wer sagt was? Markieren Sie zuerst Mieter (M) oder Vermieter (V).**
Ordnen Sie dann den Dialog.

M V

☐ ☒ _3_ Dann müssen Sie sich aber beeilen! Eine Wohnung in dieser Lage kann schnell weg sein!

☐ ☒ _1_ Guten Tag. Haben wir für heute einen Termin gemacht?

☒ ☐ ...... Der Teppich gefällt mir, aber es ist hier sehr laut. Da unten ist eine Bushaltestelle, oder?

☒ ☐ _2_ Ja, wir haben gestern telefoniert. Mein Name ist Schubert.

☐ ☒ ...... Ja, das ist schon mit Nebenkosten. Was meinen Sie?

☐ ☒ _4_ Wo ist das Schlafzimmer?

☒ ☐ ...... Das Bad ist gleich neben der Küche. Beide Räume sind schön hell. Interessieren Sie sich für die Wohnung?

☒ ☐ _4_ Ach so, dann kommen Sie bitte herein. Ich zeige Ihnen am besten zuerst die Wohnung. Es gibt drei Zimmer, eine kleine Küche und ein Bad.

☐ ☒ ...... Ja, aber nachts ist es hier viel ruhiger. Da gibt es nicht so viel Verkehr.

☐ ☒ _5_ Das ist hier neben dem Wohnzimmer. Der Boden ist ganz neu.

☒ ☐ ...... Ich finde sie etwas teuer. In der Anzeige steht, die Wohnung kostet 770 Euro. Das ist die Warmmiete, oder?

☒ ☐ ...... Ich weiß nicht, die Wohnung ist für den Mietpreis wirklich nicht besonders groß. Ich rufe Sie vielleicht wieder an.

☐ ☒ ...... Na ja, die Busse fahren aber bis Mitternacht. Und wo ist das Badezimmer?

b) **Welche Anzeige passt zu der Wohnung im Dialog? Kreuzen Sie an.**

1. ☐

Marktviertel, zentrale 3-Zi.-AB-Whg., 83 m², renoviert, 820 Euro + 1640 Euro Kaution, Tel.: 48 86 77 32

3. ☐

Sehr ruhige, helle 2-Zi-Whg., Nähe U-Bahnhof Lindenstraße (U2), WM 770, Besichtigung am Sa., 16 Uhr) 67548763

2. ☐ 3 ZKB, 77 m², zentral, hell, 770 Euro WM. Besichtigung nach Vereinbarung, Tel.: 5647329

8 „Was ich Sie noch fragen wollte ..."

a) Schreiben Sie indirekte Fragesätze mit dem Fragewort oder mit *ob*.

1. Ist die Wohnung in der Kantstraße noch frei?

   Ich habe Ihre Anzeige gelesen und möchte gerne wissen, *ob die Wohnung noch frei ist* .

2. Gibt es einen Park in der Nähe?

   Schön. Wissen Sie, ... ?

3. Gehört zu der Wohnung auch ein Parkplatz?

   Mich interessiert noch, ...

4. Wie hoch sind die Nebenkosten?

   Können Sie mir auch sagen, ... ?

5. Wann kann ich die Wohnung besichtigen?

   Dann möchte ich gerne wissen, ...

b) Hören Sie das Telefonat und beantworten Sie die Fragen aus a).

24

   1. Ja, die Wohnung ist noch frei.

9 **Nach dem Umzug. Anette beschreibt ihre neue Wohnung. Was ist wo? Ergänzen Sie die Präpositionen und die Artikel im Dativ.**

> neben (4x) – vor (2x) – an –
> zwischen – hinter

Leipzig, 05.10.2015

Liebe Sushila,

wie geht es dir? Ich habe dir eine Zeichnung von unserer neuen Wohnung gemacht.

Das Wohnzimmer ist der größte Raum. Rechts *neben* der Tür steht der graue

Sessel .... Fernseher. Links .... der Tür ist das

Bücherregal und .... Regal ist die Sofaecke. Das ist richtig

gemütlich! Die Küche ist rechts .... Wohnzimmer.

Unser Schlafzimmer ist .... Arbeitszimmer und .... Bad.

Das Arbeitszimmer ist etwas kleiner als die Küche, aber groß genug. Mein Schreibtisch

steht wieder .... Fenster. Unser Schlafzimmer ist schön groß.

Das Bett steht links .... Wand und der Kleiderschrank rechts ....

.... Fenster. Schön, oder? Du musst uns bald mal besuchen!

Viele Grüße
Annette

10 Kein guter Tag ...

a) Was passierte zuerst, was dann ...? Bringen Sie die Bilder in die richtige Reihenfolge.

b) Alicia ruft Bernd an. Hören Sie den Dialog und überprüfen Sie Ihr Ergebnis aus a).

25

c) Schreiben Sie die Geschichte in Ihr Heft. Die Stichwörter helfen.

– Bernds Mutter: im Garten gearbeitet
– in den Finger geschnitten
– Bernd: Pflaster gesucht, den Kopf gestoßen
– drei Stunden später: immer noch starke Kopfschmerzen
– ins Krankenhaus gefahren
– wieder zu Hause: Bernd ist gefallen
– Hand gebrochen

Kein guter Tag!
Bernds Mutter hat im
Garten ...
Dann hat sie sich ...
und Bernd ist ...

11 Räumen Sie auf! Was kommt in die Hausapotheke? Ergänzen Sie die Tabelle.

in die Hausapotheke	nicht in die Hausapotheke
das Pflaster,	*das Bier*
der Hustensaft	*der Löffel*
die Medikamente	
die Creme	*die Brille*
der Verband	*die Schere*
	die Zahnbürste

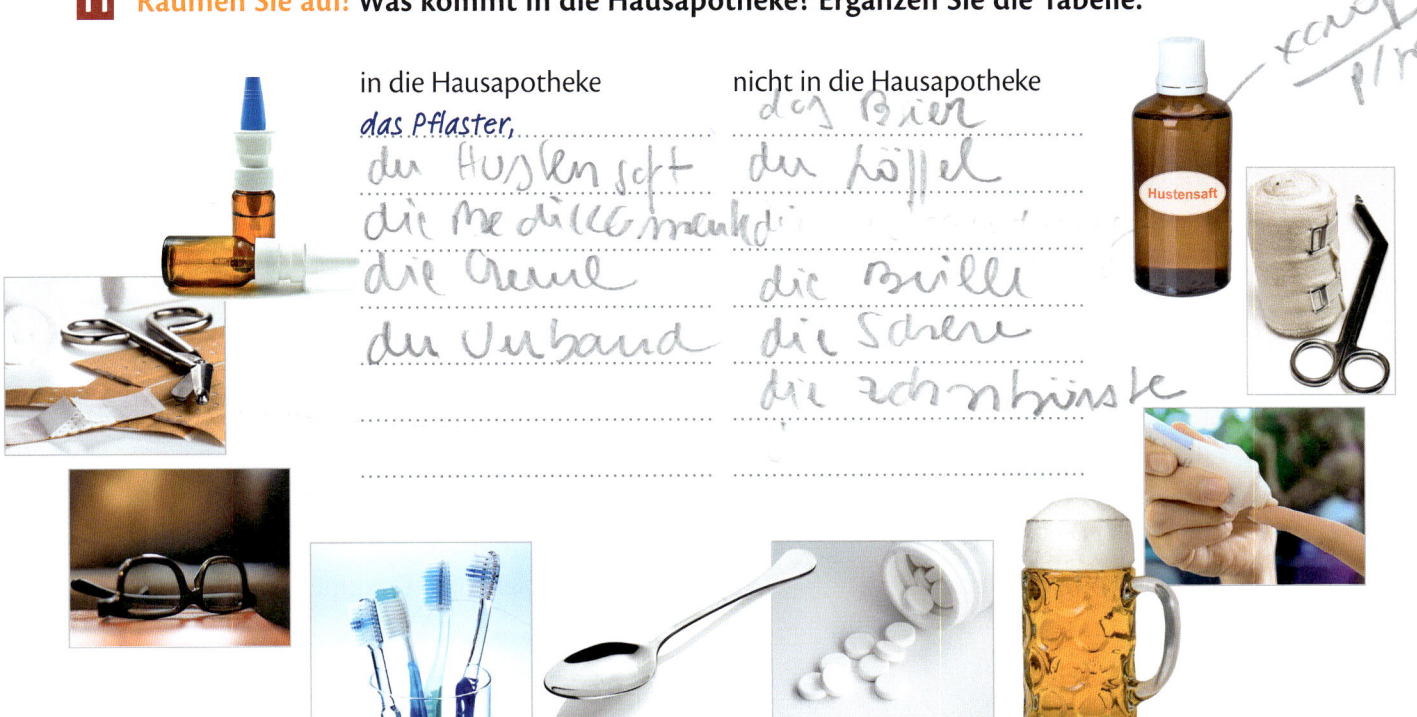

1 **Die neue Wohnung**

a) **Ausziehen – einziehen. Was macht Frau Asali? Ordnen Sie die Sätze den Bildern zu.**

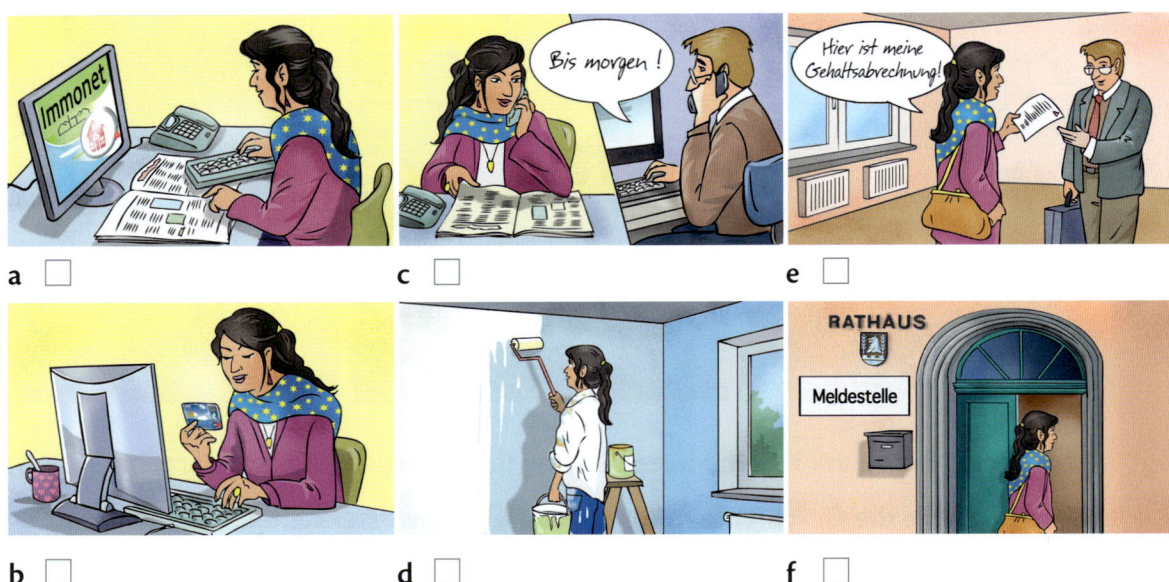

a ☐   c ☐   e ☐

b ☐   d ☐   f ☐

1. Sie bringt wichtige Unterlagen zum Besichtigungstermin mit.
2. Sie hat den neuen Mietvertrag unterschrieben und überweist die Kaution von zwei Monatsmieten per Online-Banking an den Vermieter.
3. Frau Asali sucht eine neue Wohnung und liest Wohnungsanzeigen in Zeitungen und im Internet.
4. Sie ist nach dem Umzug zum Einwohnermeldeamt gegangen und hat ihre Wohnung angemeldet.
5. Sie vereinbart mit dem Vermieter einen Besichtigungstermin.
6. Sie renoviert ihre alte Wohnung und streicht die Wände weiß.

b) **Wohnungswörter verstehen. Verbinden Sie.**

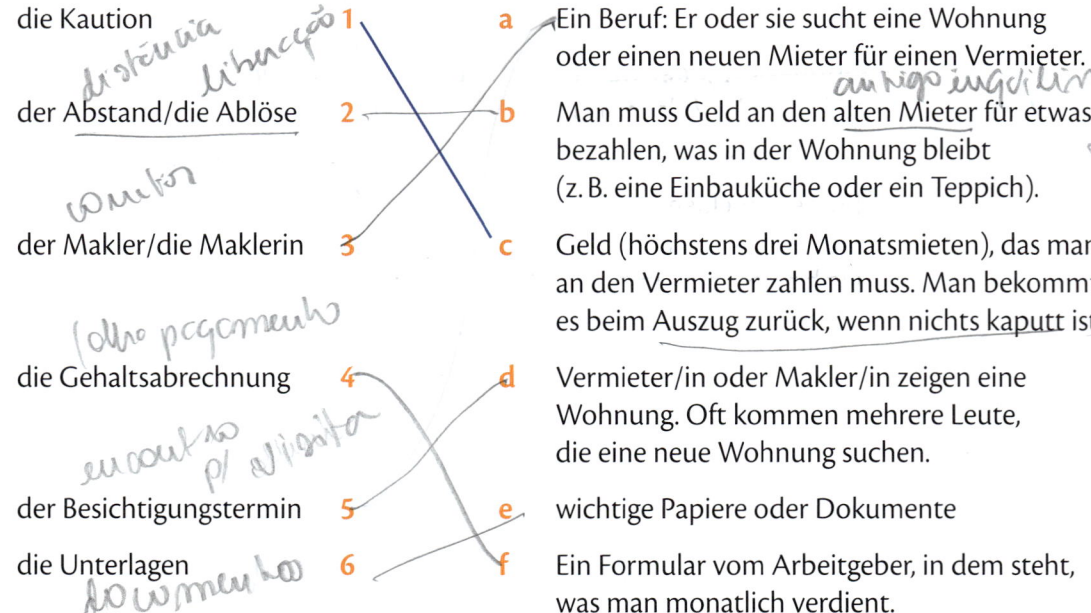

die Kaution — 1   a — Ein Beruf: Er oder sie sucht eine Wohnung oder einen neuen Mieter für einen Vermieter.

der Abstand/die Ablöse — 2   b — Man muss Geld an den alten Mieter für etwas bezahlen, was in der Wohnung bleibt (z. B. eine Einbauküche oder ein Teppich).

der Makler/die Maklerin — 3   c — Geld (höchstens drei Monatsmieten), das man an den Vermieter zahlen muss. Man bekommt es beim Auszug zurück, wenn nichts kaputt ist.

die Gehaltsabrechnung — 4   d — Vermieter/in oder Makler/in zeigen eine Wohnung. Oft kommen mehrere Leute, die eine neue Wohnung suchen.

der Besichtigungstermin — 5   e — wichtige Papiere oder Dokumente

die Unterlagen — 6   f — Ein Formular vom Arbeitgeber, in dem steht, was man monatlich verdient.

2 Eine Wohnung anmelden oder abmelden

a) Lesen Sie die Informationen auf der Service-Seite und die Situationen:
An- oder Abmeldung? Ordnen Sie zu.

1. Ana aus Spanien hat in München ihren Master gemacht. In Berlin hat sie Arbeit bei einer Software-Firma bekommen. Vor einer Woche ist sie nach Berlin-Mitte gezogen.

   Ana muss sich ....

2. Vladimir hat zwei Jahre in München studiert und ist in einer Wohnung, die er mit zwei Mitbewohnern teilt, angemeldet. Leider ist sein Vater in Moskau sehr krank. Er möchte erst einmal wieder zurück nach Russland. Vielleicht kommt er später einmal nach München zurück.

   Vladimir muss sich ....

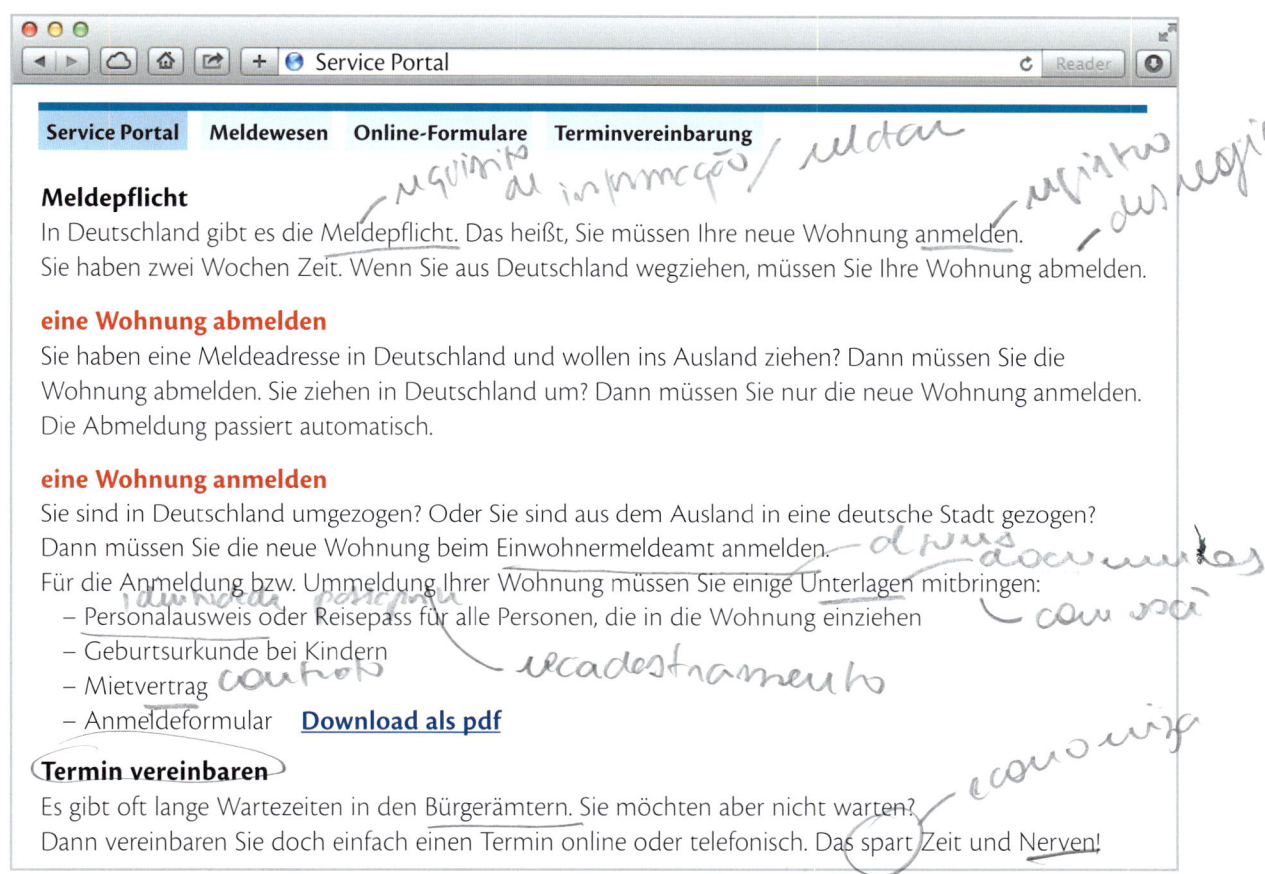

Service Portal | Meldewesen | Online-Formulare | Terminvereinbarung

Meldepflicht

In Deutschland gibt es die Meldepflicht. Das heißt, Sie müssen Ihre neue Wohnung anmelden.
Sie haben zwei Wochen Zeit. Wenn Sie aus Deutschland wegziehen, müssen Sie Ihre Wohnung abmelden.

eine Wohnung abmelden

Sie haben eine Meldeadresse in Deutschland und wollen ins Ausland ziehen? Dann müssen Sie die Wohnung abmelden. Sie ziehen in Deutschland um? Dann müssen Sie nur die neue Wohnung anmelden. Die Abmeldung passiert automatisch.

eine Wohnung anmelden

Sie sind in Deutschland umgezogen? Oder Sie sind aus dem Ausland in eine deutsche Stadt gezogen? Dann müssen Sie die neue Wohnung beim Einwohnermeldeamt anmelden.
Für die Anmeldung bzw. Ummeldung Ihrer Wohnung müssen Sie einige Unterlagen mitbringen:
  – Personalausweis oder Reisepass für alle Personen, die in die Wohnung einziehen
  – Geburtsurkunde bei Kindern
  – Mietvertrag
  – Anmeldeformular   **Download als pdf**

Termin vereinbaren

Es gibt oft lange Wartezeiten in den Bürgerämtern. Sie möchten aber nicht warten?
Dann vereinbaren Sie doch einfach einen Termin online oder telefonisch. Das spart Zeit und Nerven!

b) Lesen Sie den Online-Ratgeber noch einmal und entscheiden Sie,
ob die Fragen richtig oder falsch sind. Markieren Sie.

1 Zieht man in eine neue Wohnung, muss man sie spätestens nach zwei Wochen bei der Meldebehörde anmelden.
   richtig/falsch

2 Für die Anmeldung braucht man immer auch eine Geburtsurkunde.
   richtig/falsch

3 Man muss sich online oder telefonisch bei den Bürgerämtern anmelden.
   richtig/falsch

3 Und Sie? Schreiben Sie einen Text über Ihre Wohnungssuche.

Wohnung gesucht: Wo? Wie groß? Wie lange?
Besichtigungstermine: Makler? Vermieter? Alleine oder mit anderen?
Abstand gezahlt: Wofür?

1 Das ganze Jahr Kultur erleben

a) **Wortfeld Kultur und Kulturveranstaltungen. Lesen Sie die Webseite und ergänzen Sie das Wörternetz.**

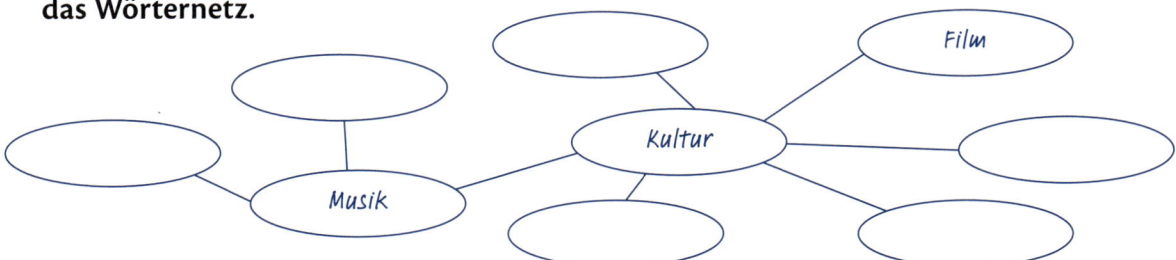

(Wörternetz: Kultur – Film, Musik, ...)

http://www.purekultur.de/

| Startseite | Feste & Festivals | Messen & Ausstellungen | Musik & Theater |

Das ganze Jahr Kultur erleben

Sie mögen Erholung in der Natur, Feste und Festivals, gute Weine und leckeres Essen oder interessieren sich für neue Freizeittrends oder für Kunst und Geschichte? Erleben Sie das ganze Jahr über Feste, Messen, Ausstellungen und Kulturfestivals mit attraktiven Programmen für alle Alters- und Interessengruppen. Besuchen Sie uns in Deutschland! Hier können Sie das ganz Jahr Kultur erleben!

Im Frühling wird das Wetter langsam besser und die Biergärten und Eiscafés stellen ihre Tische in die Sonne. Das ist ein guter Zeitpunkt für eine Städtereise. In Köln findet im April z. B. die älteste Kunstmesse der Welt, die *Art Cologne* statt, und in Berlin zeigt die *International Games Week* die neuesten Spiele-Trends. Günstige Schätze finden Sie auf kleinen und großen Flohmärkten, die es in fast allen Städten gibt.

Im Sommer feiern nicht nur junge Leute aus der ganzen Welt auf zahlreichen Straßenfesten. Die *Fete de la Musique*, die man am 21. Juni in vielen verschiedenen Städten feiert, oder der Karneval der Kulturen in Berlin und die vielen Straßentheater-Festivals laden in dieser Jahreszeit zu einem Besuch ein – alles ohne Eintritt! Auch Klassikfreunde genießen den Sommer: Große Veranstaltungen wie das *Schleswig-Holstein Musik Festival* oder die berühmten *Bayreuther Wagner-Festspiele* in Bayern bieten im Juli und August tolle Konzerte an.

Dann kommt der Herbst und mit ihm die Weinfeste am Rhein und Main, an der Mosel, am Neckar und an der Saale, die zahlreichen Erntefeste und natürlich auch das größte Bierfest der Welt, das Oktoberfest.

Deutschland ist aber auch als Literatur- und Bücherland bekannt. Jedes Jahr trifft sich die Verlagswelt im Herbst zur Internationalen Frankfurter Buchmesse und im März auf der kleineren Leipziger Buchmesse. Draußen ist es kalt. Das ist genau der richtige Moment für ein gutes Buch oder einen schönen Film. Vielleicht findet deshalb auch die Berlinale, die zu den großen internationalen Filmfestivals gehört, jedes Jahr im Winter statt.

b) Diese Menschen planen eine Reise nach Deutschland. Wo finden Sie auf der Webseite weitere Informationen?

a Feste & Festivals   b Messen & Ausstellungen   c Musik & Theater

1. ☐ May Pascual geht gerne ins Kino. Sie möchte die Berlinale besuchen.
2. ☐ Ilpo Mikkonen möchte sich über aktuelle Trends und Computerspiele informieren.
3. ☐ Mable Smith ist ein großer Fan von moderner Kunst.
4. ☐ Sandro Monti hat schon viel vom Oktoberfest gehört und möchte es einmal selbst erleben.
5. ☐ Wong Kah Wai interessiert sich für klassische Konzerte.
6. ☐ Kaia Mboge interessiert sich für Literatur. Sie hat schon viele deutsche Autoren gelesen.
7. ☐ Marc Nelson möchte die deutschen Weine kennenlernen.

2 Ein Kulturkalender

a) Max ist Kulturjournalist für eine große Zeitung. Sehen Sie sich seinen Kalender und die Fotos an. Zu welchen Veranstaltungen passen Sie?

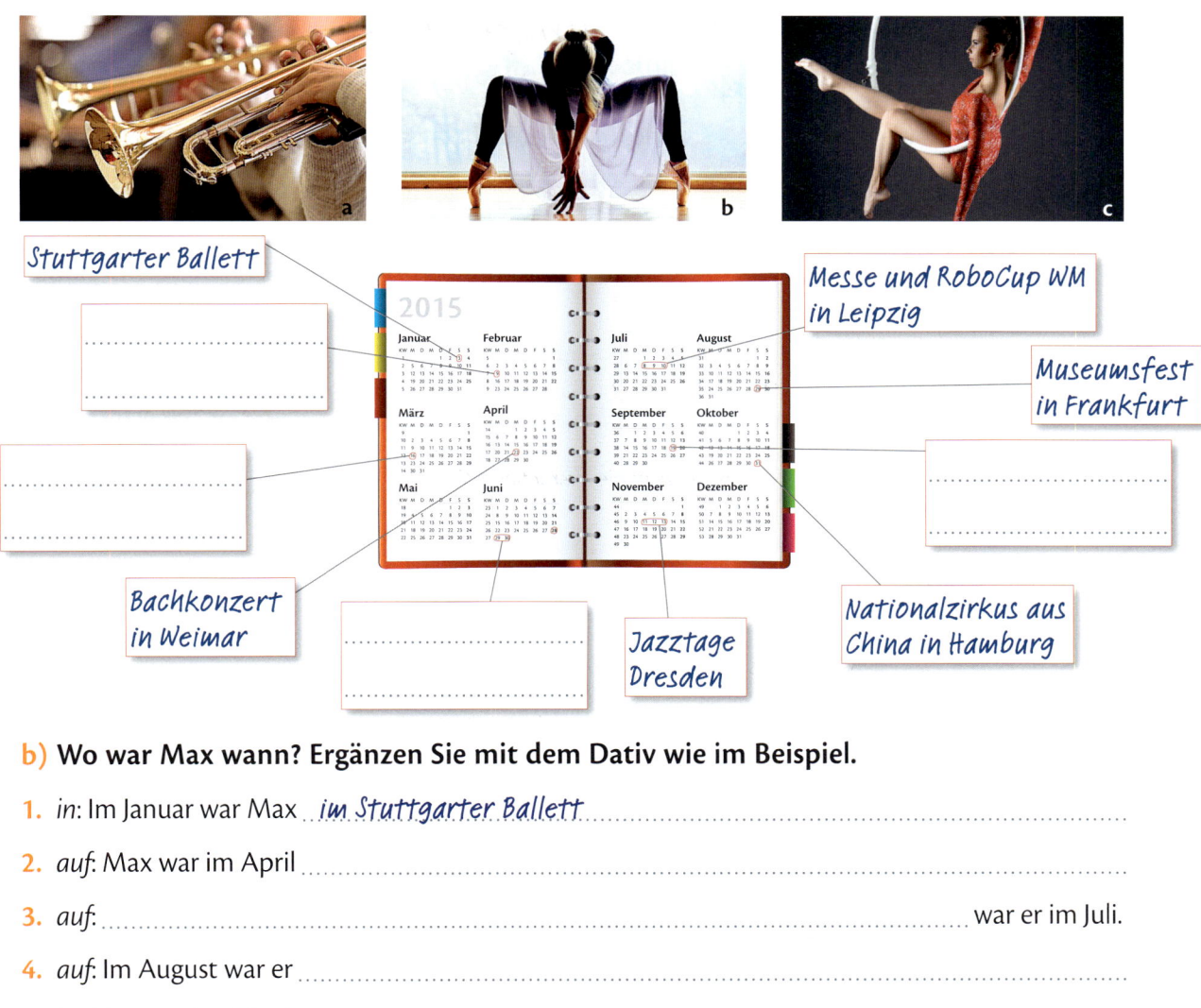

Stuttgarter Ballett

Messe und RoboCup WM in Leipzig

Museumsfest in Frankfurt

Bachkonzert in Weimar

Jazztage Dresden

Nationalzirkus aus China in Hamburg

b) Wo war Max wann? Ergänzen Sie mit dem Dativ wie im Beispiel.

1. *in*: Im Januar war Max *im Stuttgarter Ballett* ....
2. *auf*: Max war im April ....
3. *auf*: .... war er im Juli.
4. *auf*: Im August war er ....
5. *in*: Max war im Oktober ....
6. *auf*: Im November war er ....

c) Hören Sie das Interview mit Max und ergänzen Sie den Kalender aus a).

26

Berlinale – Buchmesse Leipzig – Oktoberfest – Theaterfestival Köln

3 Wortfeld Kultur. **Ein Wort passt nicht. Streichen Sie es durch.**

1. Eintritt: Theater – ~~Picknick~~ – Ballett – Konzert – Ermäßigung
2. Literatur: Autor – Romanheld – Ticket – Lesung – Verlag
3. Musik: Galerie – Oper – Tanz – Konzert – Chor
4. Theater: Kartenreservierung – Reihe – Unterkunft – Parkett – Schauspieler
5. Museum: Bilder – Zirkus – Kunst – Sammlung – Ausstellung
6. Kino: Filmfestival – Regisseur – Abendkasse – Programm – Verein

4 Kultur früher und heute

a) **Zu Goethes Zeiten. Welche Wörter passen zu welcher Aussage? Ordnen Sie zu.**

a	**Kunst**	b	**Literatur**	c	**Mode**	d	**Musik**

e	**Verkehr**	f	**Schauspiel**	g	**Universität**

1. `c` Nur die Reichen haben elegante französische Kleider.
2. ☐ Man baut in vielen deutschen Städten die ersten Theaterhäuser.
3. ☐ Reisen dauern lange und sind anstrengend.
4. ☐ Frauen dürfen nicht studieren.
5. ☐ Der Konzertbesuch ist ein seltenes und teures Erlebnis.
6. ☐ Es gibt nur private Sammlungen.
7. ☐ Es gibt nur wenige Verlage und keine öffentlichen Bibliotheken.

b) **Wie war das, als Goethe noch lebte? Schreiben Sie aus den Aussagen in a) Sätze im Präteritum.**

1. Heute schließen viele Theater, weil das Geld in den öffentlichen Kassen fehlt.

   Zu Goethes Zeiten *baute man in vielen deutschen Städten die ersten Theaterhäuser.*

2. Klassik oder lieber Rock und Pop? Mit Radio und Mp3-Spieler ist das auch im Alltag kein Problem.

   Früher *war*

3. Jeder kann Bücher kaufen oder ausleihen.

   Als Goethe noch lebte,

4. Wir sind viel, schnell und günstig unterwegs.

   Vor 200 Jahren

5. Es gibt viele Ausstellungen in Museen und Galerien.

   Um das Jahr 1800

6. Aktuelle Modetrends kommen aus der ganzen Welt und müssen nicht teuer sein.

   Zu Goethes Zeiten

7. Heute arbeiten an den Universitäten auch viele Professorinnen.

   Als Goethe noch lebte,

5   Verliebt, verlobt, verheiratet

a) Lesen Sie die Geschichte von Goethes „Hermann und Dorothea". Was ist das Problem von Hermann? Markieren Sie im Text.

Dorothea musste ihre Heimat ~~verlassen~~. *sair* Sie reiste allein, denn <u>ihre Eltern und ihr Verlobter lebten nicht mehr</u>. <u>Sie lebte auf der Straße</u> und kümmerte sich liebevoll um kleine Kinder, die auch keine Eltern hatten und allein waren. Hermann wohnte bei seinen reichen Eltern und hatte keine Probleme. <u>Als seine Mutter ihn mit Lebensmitteln zu den Menschen auf der Straße schickte</u>, lernte er Dorothea kennen. Er verliebte sich sofort in sie und sagte seinen Eltern, <u>dass er sie heiraten will</u>. Die Mutter freute sich, aber der Vater war gegen die Hochzeit von Hermann und Dorothea. Sein Sohn sollte <u>eine Frau mit Geld aus einer guten Familie heiraten</u>. Da hatte Hermann eine Idee: Dorothea soll bei ihm zu Hause arbeiten. <u>Als Hermanns Vater Dorothea besser kennenlernte und merkte, dass sich Hermann und Dorothea wirklich liebten</u>, durften sie heiraten.

b) Lesen Sie nun die unterstrichenen Sätze noch einmal und schreiben Sie passende W-Fragen.

wo – ~~warum~~ – wann – was – wen – wann

1. Warum   *reiste Dorothea allein?*
2. *Wo lebte sie?*
3. *Wann lernte er Dorothea kennen?*
4. *Was sagte sie ihren Eltern?*
5.
6.

6   **Verliebt – und dann?** Vergleichen Sie „Die Leiden des jungen Werther" (KB, S. 149) und „Hermann und Dorothea". Werther [W], Hermann [H] oder beide? Kreuzen Sie an.

	W	H
1. Er verliebt sich sofort in die Frau.	☐	☐
2. Er sieht, dass sie Kinder mag.	☐	☐
3. Seine Liebste hat keine Mutter mehr.	☐	☐
4. Er kennt den Verlobten der Frau.	☐	☐
5. Sein Vater ist gegen die Heirat.	☐	☐
6. Die Frau möchte ihn nicht heiraten.	☐	☐
7. Er heiratet sie am Ende doch.	☐	☐
8. Seine Geschichte endet tragisch.	☐	☐

7 **Lyonel Feininger.** Eine Biografie

a) **Ergänzen Sie passende Verben im Präteritum.**

| machen – sein – reisen – ~~leben~~ – besuchen |

Der Maler und Grafiker Lyonel Feininger ..*lebte*.. von 1871 bis 1956.

Seine Eltern .... erfolgreiche Musiker. Mit 16 Jahren ....

er zum ersten Mal von seiner Geburtsstadt New York nach Deutschland. Er ....

seine Eltern, die gerade eine Konzertreise ....

b) | haben – heiraten (2x) – trennen – studieren – arbeiten – kennen lernen |

Von 1890 bis 1891 .... er in Belgien am Collège Saint Servais in Liège und

später noch in Berlin und Paris. In Berlin .... er auch ein paar Jahre als

Zeichner für verschiedene Zeitungen. 1901 .... er zum ersten Mal.

Aber dann .... er 1903 die Künstlerin Julia Berg .... und

.... sich von seiner Frau Clara und seinen beiden Töchtern.

1908 .... er Julia. Sie .... zusammen drei Söhne.

c) | ausstellen – haben (2x) – dürfen – lehren – gründen – ~~holen~~ – reisen |

1919 ..*holte*.. .... Walter Gropius Feininger zur Gründung des Staatlichen

Bauhauses nach Weimar. Dort .... er bis 1926 als „Meister der Formlehre".

Feininger .... viele Kontakte zu wichtigen Künstlern.

1924 .... er zusammen

mit Wassily Kandinsky, Paul Klee und Alexej

von Jawlensky die Gruppe

„Die blaue Vier", die schon ein Jahr später

ihre Bilder in New York ....

Ab 1933 .... er in

Deutschland als Künstler Probleme. 1937

.... er mit seiner

Familie nach New York zurück. Seine Werke

sind bis heute weltbekannt. Das Bild „Die

Kirche in Benz" .... 2010 sogar nach Usedom zurückkommen. Man kann es

im Kunst-Kabinett in Benz sehen.

8 **Wann war das?** **Lesen Sie den Text in Aufgabe 7 noch einmal und beenden Sie die Sätze mit *als*.**

> ~~16 Jahre alt sein~~ – in Deutschland Probleme haben – in Berlin sein –
> in Weimar arbeiten – Julia kennenlernen – das Staatliche Bauhaus gründen

1. Lyonel Feininger reiste zum ersten Mal nach Deutschland, *als er 16 Jahre alt war.*

2. *Als* ...., arbeitete er für verschiedene Zeitungen als Zeichner.

3. Er trennte sich schon 1903 von seiner ersten Frau, ...

4. Walter Gropius holte Feininger 1919 nach Weimar, ...
....

5. ...., war Feininger bis 1926 „Meister der Formenlehre".

6. ...., kehrte er mit seiner Familie nach New York zurück.

9 **Hannes war in Weimar.**

27

a) **Hören Sie seinen Podcast. Was hat er in Weimar besichtigt? Kreuzen Sie links an.**

1. ☐ das Bauhausmuseum ☐ ☐
2. ☐ die Herzogin Anna Amalia Bibliothek ☐ ☐
3. ☐ Goethes Wohnhaus ☐ ☐
4. ☐ Goethes Gartenhaus ☐ ☐
5. ☐ das Liszt-Haus ☐ ☐
6. ☐ das Deutsche Nationaltheater ☐ ☐

b) **Was hat Hannes gut gefallen? Was nicht so gut? Hören Sie den Podcast noch einmal und kreuzen Sie in a) an.**

10 **Städtereisen**

a) **Verbinden Sie die Aktivitäten.**

Vom Flughafen zum Hotel	1		a	online buchen.
Tickets	2		b	besuchen.
Spezialitäten aus der regionalen Küche	3		c	machen.
Abends ins Theater	4		d	ein Taxi nehmen.
Museen und Galerien	5		e	probieren.
Einen schönen Einkaufsbummel	6		f	schreiben.
Im Park	7		g	gehen.
Postkarten	8		h	lange schlafen.
Jeden Morgen	9		i	spazieren gehen.

b) **Schreiben Sie zu jeder Verbindung aus a) einen Satz.**

> *Wir nehmen vom Flughafen zum Hotel nie ein Taxi. Das ist zu teuer.*

1 Interkulturelle Veranstaltungen

a) Hören Sie das Gespräch. Worüber sprechen Samir, Olga und Anna?

1. ☐ das Wochenende
2. ☐ über den Ausländerrat
3. ☐ einen Ausflug
4. ☐ über die interkulturellen Tage
5. ☐ ein Straßenfest
6. ☐ neue Cafés

b) Hören Sie noch einmal. Was haben Samir und Anna am Wochenende gemacht? Ergänzen Sie die Tabelle.

	Wo?/Was?	Mit wem?
Samir		
Anna		

2 Karneval der Kulturen. Lesen Sie die E-Mail und schließen Sie die Lücken 1–5. Welche Lösung (a, b oder c) passt am besten? Kreuzen Sie an.

Von:	Olga
An:	Samir
Betreff:	Karneval der Kulturen
Anhang:	Karneval der Kulturen.jpg

Hallo Samir,

ich bin am Wochenende mit ...1... Freunden zum Karneval der Kulturen gefahren. Das ist ein großes multikulturelles Straßenfest in Berlin. Den Karneval der Kulturen gibt es schon ...2... 1996. Ich habe in der Zeitung gelesen, ...3... in diesem Jahr an allen vier Tagen 1,5 Millionen Menschen gekommen sind. Wahnsinnig, oder? Es gab Umzüge mit südamerikanischen und afrikanischen Gruppen, es gab Theater und Tanz. Und natürlich gab es auch Essen aus der ganzen Welt. Wir hatten Glück mit dem ...4... . Es war sehr sonnig. Leider ...5... wir am Sonntagnachmittag wieder nach Hause fahren. Nächstes Jahr fahre ich aber wieder hin.
Liebe ...6...
Olga

1 a ☑ meinen
  b ☐ ihren
  c ☐ seinen

2 a ☐ vor
  b ☐ um
  c ☑ seit

3 a ☐ weil
  b ☐ dass
  c ☑ dann

4 a ☐ Wind
  b ☑ Wetter
  c ☐ Regen

5 a ☐ mussten
  b ☑ durften
  c ☐ wollten

6 a ☐ Wiedersehen
  b ☐ Dank
  c ☑ Grüße

3 **Das Haus der Kulturen**

a) **Lesen Sie die Internetseite und entscheiden Sie, ob die Fragen richtig oder falsch sind. Korrigieren Sie die falschen Aussagen.**

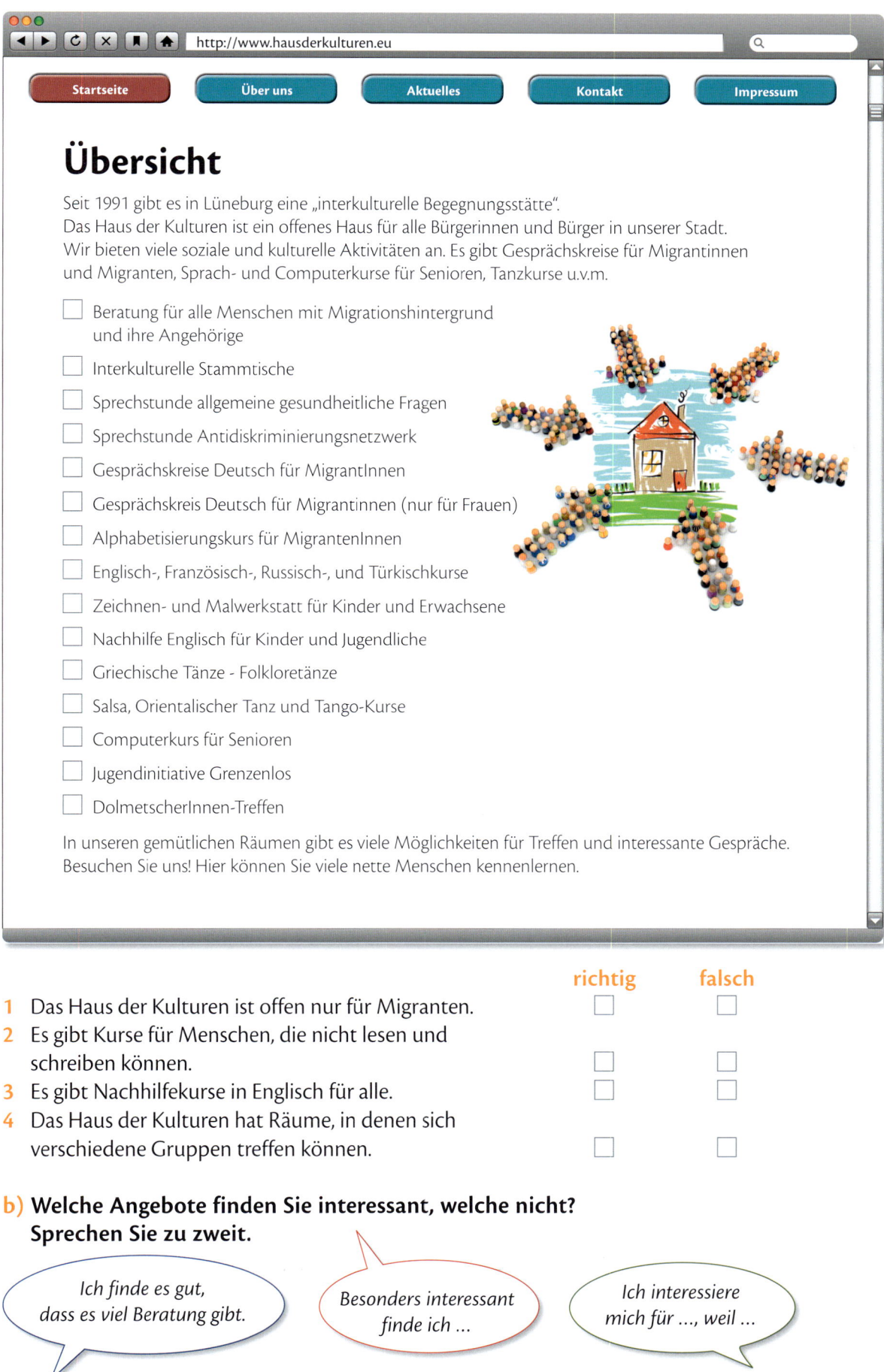

http://www.hausderkulturen.eu

| Startseite | Über uns | Aktuelles | Kontakt | Impressum |

Übersicht

Seit 1991 gibt es in Lüneburg eine „interkulturelle Begegnungsstätte".
Das Haus der Kulturen ist ein offenes Haus für alle Bürgerinnen und Bürger in unserer Stadt.
Wir bieten viele soziale und kulturelle Aktivitäten an. Es gibt Gesprächskreise für Migrantinnen und Migranten, Sprach- und Computerkurse für Senioren, Tanzkurse u.v.m.

☐ Beratung für alle Menschen mit Migrationshintergrund und ihre Angehörige

☐ Interkulturelle Stammtische

☐ Sprechstunde allgemeine gesundheitliche Fragen

☐ Sprechstunde Antidiskriminierungsnetzwerk

☐ Gesprächskreise Deutsch für MigrantInnen

☐ Gesprächskreis Deutsch für Migrantinnen (nur für Frauen)

☐ Alphabetisierungskurs für MigrantenInnen

☐ Englisch-, Französisch-, Russisch-, und Türkischkurse

☐ Zeichnen- und Malwerkstatt für Kinder und Erwachsene

☐ Nachhilfe Englisch für Kinder und Jugendliche

☐ Griechische Tänze - Folkloretänze

☐ Salsa, Orientalischer Tanz und Tango-Kurse

☐ Computerkurs für Senioren

☐ Jugendinitiative Grenzenlos

☐ DolmetscherInnen-Treffen

In unseren gemütlichen Räumen gibt es viele Möglichkeiten für Treffen und interessante Gespräche. Besuchen Sie uns! Hier können Sie viele nette Menschen kennenlernen.

	richtig	falsch
1 Das Haus der Kulturen ist offen nur für Migranten.	☐	☐
2 Es gibt Kurse für Menschen, die nicht lesen und schreiben können.	☐	☐
3 Es gibt Nachhilfekurse in Englisch für alle.	☐	☐
4 Das Haus der Kulturen hat Räume, in denen sich verschiedene Gruppen treffen können.	☐	☐

b) **Welche Angebote finden Sie interessant, welche nicht? Sprechen Sie zu zweit.**

> Ich finde es gut, dass es viel Beratung gibt.

> Besonders interessant finde ich ...

> Ich interessiere mich für ..., weil ...

1 Mechatronikerin für Kältetechnik

a) Warum ist dieser Beruf wichtig? Lesen Sie schnell und kreuzen Sie an.

1. ☐ Klimaanlagen gibt es fast überall.
2. ☐ Man muss große Kälteanlagen regelmäßig kontrollieren.
3. ☐ Wir brauchen Arbeitsplätze für Frauen.

b) Qualifikation [Q] oder Tätigkeit [T]? Ordnen Sie die markierten Textstellen zu.

Ein echt ‚cooler' Job.

Du hast Spaß an Technik, interessierst dich für Elektronik, und bist gut in Mathematik? Du arbeitest auch gerne mit deinen
5 Händen? ☐ Dann ist eine Ausbildung zum/zur Mechatroniker/-in für Kältetechnik vielleicht das Richtige für dich! Die Installation, Kontrolle und
10 Reparatur von Kältesystemen in großen Kühl- oder Büro- und Geschäftshäusern stehen in diesem Beruf im Zentrum. ☐ Und nach der Ausbildung gibt es
15 viele tolle Jobs in Industrie und Handwerk – nicht nur in Deutschland!
Frauen sieht man leider eher selten in diesem Beruf. Die
20 20-Jährige Juli K. meint: „Das verstehe ich nicht. Ich finde es toll, dass man in diesem Beruf den Alltag verbessern kann. Zum Beispiel steht in jedem
25 Haushalt ein Kühlschrank. Er muss funktionieren. Und mit einer Klimaanlage steigt die Temperatur in Autos, Bussen, Büros, Geschäften und zu Hause
30 auch bei großer Hitze nicht über 22°C. Ohne Kältetechnik ist das nicht möglich. Ich finde den Beruf spannend und möchte die verschiedenen elektronischen
35 Systeme verstehen."

Mit Klimaanlagen steigt die Temperatur im Gebäude auch bei großer Hitze nicht über 22°C.

Juli findet, dass dreieinhalb Jahre Ausbildung nicht zu lang sind, wenn man so viel lernen muss. Sie ist im zweiten Ausbil-
40 dungsjahr und kann kleine Reparaturen in der Werkstatt oder auch beim Kunden schon selbst machen. ☐ Das findet sie manchmal noch ganz schön
45 schwierig, denn die Kühlsysteme sind nicht alle gleich. Man muss gelassen bleiben ☐, denn die Fehlersuche kann lange dauern. „Im Handwerksbetrieb
50 müssen Mechatroniker für Kältetechnik vor allem ruhig bleiben und sehr genau arbeiten. ☐ In meinem Beruf muss ich jeden Tag nach Lösungen für
55 ein neues technisches Problem suchen. ☐ Das ist nie langweilig!", erklärt Steffi. Und genau deshalb kann sie sich auch keinen anderen Beruf vorstellen!

c) Vergleichen Sie die Fakten zur Ausbildung mit dem Text.
Welche Informationen sind neu? Kreuzen Sie an.

1. ☐ **Ausbildungsdauer:** Die Ausbildung dauert dreieinhalb Jahre.
2. ☐ **Ausbildungsorte:** Zwölf Wochen im Jahr gehen die Auszubildenden in die Berufsschule. Oft findet der Unterricht zum Beispiel in einer Woche pro Monat statt. Die anderen drei Wochen sind die Auszubildenden dann im Betrieb.
3. ☐ **Qualifikationen:** Man braucht technisches Verständnis, Interesse an Elektronik und gute Mathematikkenntnisse.
4. ☐ **Einkommen:** In der Ausbildung verdient man zwischen 500 und 680 Euro im Monat.
5. ☐ **Ein Job mit Zukunft:** Für unseren Alltag ist Kältetechnik sehr wichtig. Mechatroniker/-innen für Kältetechnik finden auch im Ausland ohne Probleme Arbeit.

2 **Arbeitsorte.** Wer arbeitet wo? Sehen Sie die Fotos an und ergänzen Sie die Sätze.

1. Gärtner arbeiten *auf dem Feld* und ....

2. Architekten verbringen viel Zeit .... und ....

3. Landwirte haben .... und .... immer viel Arbeit.

4. Die meisten Mechatroniker arbeiten .... oder ....

3 **Berufsbild medizinische/r Fachangestellte/r**

a) **Was passt zusammen? Ergänzen Sie die Verben.**

> schreiben – führen – bestellen – helfen – vereinbaren – ~~reinigen~~ –
> recherchieren – sprechen

1. ☐ Geräte *reinigen* ....
2. ☐ Medikamente ....
3. ☐ Termine ....
4. ☐ Telefonate ....

5. ☐ Rechnungen ....
6. ☐ mit Patienten ....
7. ☐ den Ärzten ....
8. ☐ Informationen ....

b) **Lesen Sie die Information und unterstreichen Sie alle Tätigkeiten. Kontrollieren Sie Ihre Lösung in a).**

Medizinische/r Fachangestellt/e

Medizinische Fachangestellte helfen Ärzten oder Ärztinnen bei der Arbeit. Zu ihrem Arbeitsbereich gehören neben dem Kontakt mit den Patienten auch allgemeine Aufgaben in der Praxisorganisation. Sie führen Telefonate, vereinbaren Termine und sprechen mit den Patienten, schreiben Rechnungen für die Privatpatienten und Krankenversicherungen, kümmern sich um die Bestellung von Medikamenten und die Reinigung von medizinischen Geräten. Manchmal müssen Sie für die Ärzte auch in der medizinischen Fachliteratur oder im Internet Informationen recherchieren.

c) **Fünf Fragen zum Beruf. Hören Sie das Interview. Welche Tätigkeiten nennt Frau Waller? Kreuzen Sie in a) an.**

29

4 **Nomen mit -*ung*.** Sehen Sie sich die Verben an und ergänzen Sie die Sätze.

1. rechnen: Haben wir die *Rechnung* für die neuen Computer schon bezahlt?

2. beraten: Bei der Berufswahl braucht man unbedingt eine gute ....

3. bestellen: Kann es sein, dass Sie unsere .... vergessen haben?

4. bewerben: Hast du deine .... schon an die Praxis geschickt?

5. umschulen: Ute war Floristin. Nach ihrem Unfall hat sie eine .... gemacht.

6. ausbilden: Peter hat seine .... zum Koch in einem Schweizer Restaurant gemacht.

5 **Ein tabellarischer Lebenslauf.** Ordnen Sie die Informationen zu.

Lebenslauf

Persönliche Daten

Name	Anna Maria Burbach
..1..	Lotter Straße 22
	49078 Osnabrück
	Tel.: (0541) 867 45 32
	Annamaria@Burbach.de
geboren am	23. 04. 1989 in Lingen/Ems

Schulausbildung

2000–2008	Geschwister-Scholl-Schule in Osnabrück
	..2..: Abitur
..3..	
06/2008–07/2008	Betriebspraktikum bei Mediadesign GmbH in Osnabrück

Berufsausbildung

09/2008–07/2011	Ausbildung zur ..4.. für visuelle Medien, Media AG in München
..5..	
09/2011–05/2013	..6.. in Offenbach
..7..	Zweites Deutsches Fernsehen (ZDF) in Mainz, Marketing
..8..	Englisch (C1), Französisch (B1), Spanisch (A2)

Hobbys   Film, Lesen, Fotografieren

Kauffrau
~~Praktikum~~
Abschluss
07/2013-12/2015
Anschrift
Berufserfahrung
Fremdsprachen
Medienhaus Weiss GmbH

1. ....
2. ....
3. *Praktikum* ....
4. ....
5. ....
6. ....
7. ....
8. ....

6 **Von Bremerhafen nach Südkorea: eine Berufsbiografie.** Ergänzen Sie die passenden Verben im Präteritum.

> haben – studieren – arbeiten – geben – suchen – wollen – kennenlernen – ~~machen~~ – machen

Frank Herzog (42) kommt aus Bremerhafen. Nach der Schule ...*machte*... er zuerst eine Ausbildung zum Mechatroniker und .... danach an der Technischen Universität Hamburg-Harburg Schiffbau. Im Studium .... er auch ein paar Praktika in Bremen, Kiel und in Ulsan, Südkorea. Nach dem Studium .... er nicht lange nach einer Stelle. Er .... Glück und .... schon bald als Ingenieur bei einer Schiffsbaufirma in Hamburg. In der Firma .... er auch seine Frau Myong .... Als es vor vier Jahren in Ulsan für beide Arbeit ...., ... sie sehr gern nach Asien ziehen. Mit ihrem Leben in Südkorea sind sie heute sehr zufrieden.

7 **Wortfeld Ausbildung und Beruf**

a) Lösen Sie das Rätsel.

1. Die hat man nach der Ausbildung und ein paar Jahren Arbeit im Beruf.
2. Nach der ersten Ausbildung einen zweiten Beruf lernen.
3. Den hat man nach der Schule oder Ausbildung.
4. + **5.** Hier kann man eine Berufsausbildung machen.
6. Nicht Vollzeit, z. B. nur an drei Tagen in der Woche arbeiten.
7. Das machen Studenten an der Universität.
8. Dazu gehört ein tabellarischer Lebenslauf und ein Brief an den Arbeitgeber.
9. In diesem Bereich arbeiten z. B. Maurer, Bäcker und Frisöre.
10. So nennt man Menschen, die in einer Firma oder in einem Betrieb arbeiten.
11. Hier geht es im Unterricht nicht nur um die Theorie zum Beruf.
12. Das machen viele Studenten oder Schüler. So können sie einen Beruf besser kennenlernen.
13. Den muss man bei einer Bewerbung in tabellarischer Form abgeben.
14. Dazu gehören Kenntnisse, Fähigkeiten und Abschlüsse, die für einen Beruf wichtig sind.
15. Den macht man bei jeder neuen Stelle mit dem Arbeitgeber.
16. Auf der Suche nach Arbeit findet man sie in Zeitungen oder im Internet.

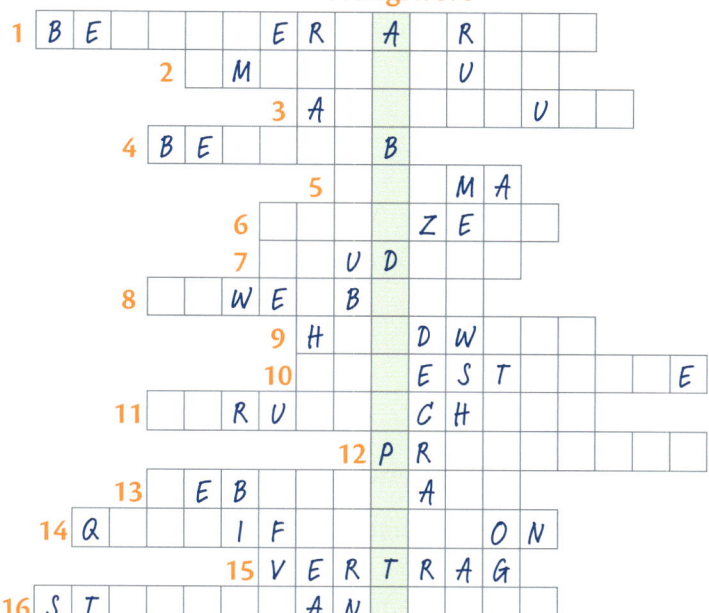

Lösungswort

1 B E _ _ _ E R _ A _ R _ _
2 _ M _ _ _ _ U _
3 A _ _ _ U _ _
4 B E _ _ _ B _
5 _ _ M A _
6 _ _ Z E _ _
7 _ U D _
8 _ _ W E _ B _ _
9 H _ D W _ _ _
10 _ E S T _ _ E
11 R U _ _ C H _ _
12 P R _ _ _ _ _
13 E B _ _ A _
14 Q _ _ I F _ _ _ O N
15 V E R T R A G _ _
16 S T _ _ _ A N _ _ _

b) Wie heißt das Lösungswort?

....

8 **Gründe nennen**

a) Unterstreichen Sie im Satz nach dem Komma die Verbposition.

1. Jürgen möchte unbedingt Vollzeit arbeiten, ...*weil*... er dann mehr <u>verdient</u>.

2. Frau Nguyen macht eine Umschulung, ... sie findet in ihrem Beruf keine Arbeit.

3. Vladimir sucht einen Ausbildungsplatz, ... er macht im Juni seinen Schulabschluss.

4. Paul möchte im Sportmanagement arbeiten, ... er den Bereich interessant findet.

5. Mandy hat zwei Jahre nicht gearbeitet, ... sie eine Babypause gemacht hat.

6. Frau Gül liest die Stellenanzeigen, ... sie sucht eine Stelle als Bankkauffrau.

b) Ergänzen Sie jetzt in a) *weil* **oder** *denn*.

9 **Sagen Sie es höflich!** *Hätte* oder *könnte*? Ergänzen Sie.

1. Es tut mir leid, aber Herr Dupont ist im Moment in einer Besprechung.

   ..*Könnten*.... Sie in einer halben Stunde wieder anrufen?

2. .... du jetzt einen Moment Zeit? Ich brauche deine Hilfe.

3. .... Sie auch am Montag um 10 Uhr kommen?

4. .... ihr morgen den Monitor zur Reparatur bringen?

5. Es wäre nett, wenn Sie mir einen Kaffee mitbringen ....

6. Ich habe mein Geld vergessen. .... du fünf Euro für mich?

7. Wir .... gern die Rechnung.

8. .... Sie vielleicht die Telefonnummer von Frau Müller?

10 **Telefonieren im Beruf**

a) Lesen Sie den Dialog. Was fehlt? Ordnen Sie zu.

1 Datum   **2** Name   **3** Uhrzeit   **(4** Begrüßung**)**   **5** Wochentag   **6** Ort

💬 Rieger Baumaschinen, 2 ...*Boll*........................... am

Apparat. Was kann ich für Sie tun?

👤 ☐ .... Mein Name ist Öttinger.

Ich bin von der Firma Müller und habe heute Nachmittag

einen Termin mit Herrn Meininger.

💬 Das ist richtig. Ihr Termin ist um ☐ ....

👤 Ja, leider muss ich absagen, weil ich geschäftlich dringend nach

☐ .... muss.

💬 Kein Problem, Herr Öttinger. Möchten Sie einen

neuen Termin machen?

👤 Gerne. Geht es nächsten Monat, zum Beispiel am

☐ .... um die gleiche Zeit?

💬 Moment, da muss ich zuerst nachsehen.

Das ist ein ☐ .... Ja, das geht.

👤 Gut. Vielen Dank. Und einen schönen Gruß an Herrn

Meininger. Auf Wiederhören!

💬 Auf Wiederhören, Herr Öttinger.

🔊 **b) Hören Sie jetzt das Telefonat und ergänzen Sie den Dialog in a).**

30

11 Fit für den Auswahltest?!

a) **Viele Firmen laden Bewerber zu einem Test ein. Sie sollten einige Regeln kennen. Was ist in den folgenden Situationen richtig? Kreuzen Sie an.**

1. Was nehmen Sie zum Auswahltest mit?
- a ☐ Kugelschreiber, Bleistift, eine Uhr und Wasser
- b ☐ Einen Glücksbringer, der schon oft geholfen hat.
- c ☐ Das Buch mit den Übungsaufgaben zum Test

2. Sie haben Prüfungsstress. Was machen Sie?
- a ☐ Ich stehe auf und sehe kurz aus dem Fenster.
- b ☐ Ich schließe kurz meine Augen und hole tief Luft. Das entspannt.
- c ☐ Ich mache eine Pause und schicke eine SMS an einen Freund.

3. Darf man zu spät zu einem Auswahltest kommen?
- a ☐ Das ist nicht so schlimm. Jeder kommt mal zu spät.
- b ☐ Nein, auf keinen Fall. Ich komme eine Stunde früher und sehe mir den Betrieb an.
- c ☐ Nein. Besser eine Viertelstunde zu früh als fünf Minuten zu spät.

4. Sie haben Probleme mit einer Aufgabe. Was machen Sie?
- a ☐ Ich bitte den Testleiter/die Testleiterin um Hilfe.
- b ☐ Ich schaue in mein Übungsbuch.
- c ☐ Ich will keine Zeit verlieren und mache mit der nächsten Aufgabe weiter.

b) **Das sagen die Experten. Ordnen Sie die Erklärungen den Antworten in a) zu.**

		Situation	Antwort
1.	Bitte nicht! Man sollte sitzen bleiben, weil die anderen Ruhe brauchen.	2	a
2.	Zu so einem wichtigen Termin darf man nicht zu spät kommen! Das sieht nicht gut aus.	☐	☐
3.	Der Glücksbringer ist Ihnen vielleicht wichtig. Aber Schreibzeug und eine Uhr sind bei einem Auswahltest noch viel wichtiger.	☐	☐
4.	Für Übungsaufgaben ist es jetzt zu spät! Das Buch kann zu Hause auf dem Schreibtisch liegen bleiben.	☐	☐
5.	Gute Idee! Verlieren Sie nicht zu viel Zeit bei einer Aufgabe. Am Ende ist nur wichtig, wie viele Aufgaben Sie gelöst haben.	☐	☐
6.	Richtig. Sagen Sie sich selbst: „Ich schaffe das!" und bleiben Sie ruhig.	☐	☐
7.	Nicht ganz richtig. Zu spät da sein ist nicht in Ordnung. Aber viel zu früh ankommen ist auch nicht gut.	☐	☐
8.	Keine gute Idee. Das Handy muss ausgeschaltet sein. Oft darf man es auch gar nicht in die Prüfung mitnehmen.	☐	☐
9.	Lieber nicht! Er oder sie darf Ihnen gar nicht weiterhelfen.	☐	☐
10.	Richtig. Manchmal steht auch in der Einladung zum Auswahltest, was man noch mitbringen soll.	☐	☐
11.	Richtig! Zu spät ist zu spät. Das sollte bei einem Auswahltest nicht passieren, denn das macht keinen guten Eindruck. Besser man ist ein wenig zu früh da als fünf Minuten zu spät.	☐	☐
12.	Das ist verboten und Sie haben keine Chance mehr. Machen Sie lieber mit der nächsten Aufgabe weiter.	☐	☐

1 **Arbeit in Deutschland. Lesen Sie den Text und kreuzen Sie die richtigen Aussagen an. Korrigieren Sie die falschen Aussagen.**

Jede Arbeitnehmerin und jeder Arbeitnehmer muss in Deutschland Steuern an das Finanzamt zahlen. Wie hoch die Steuern sind, hängt davon ab, wie viel Geld man verdient, in welcher Steuerklasse man ist, wie viele Kinder man hat und ob man Kirchensteuer zahlt. Kirchensteuer zahlen alle Mitglieder der evangelischen oder katholischen Kirche.

Es gibt sechs Steuerklassen: Steuerklasse I ist für ledige oder geschiedene Arbeitnehmer. Steuerklasse III ist für verheiratete Arbeitnehmer, wenn der Ehepartner nicht arbeitet. Arbeiten beide Ehepartner, gilt Steuerklasse IV. Und Steuerklasse VI ist für Arbeitnehmer, die mehrere Jobs haben.

Hat man eine neue Arbeit gefunden, braucht der Arbeitgeber einige Informationen für die elektronische Lohnsteuerkarte. Zum Beispiel:
- die steuerliche Identifikationsnummer
- das Geburtsdatum
- die Lohnsteuerklasse
- Zahl der Kinder

Jeder Arbeitnehmer braucht auch einen Sozialversicherungsausweis. Zur Sozialversicherung gehören die Krankenversicherung, die Pflegeversicherung, die Rentenversicherung und die Arbeitslosenversicherung. Die Anmeldung zur Sozialversicherung macht meistens Ihr Arbeitgeber. Danach bekommen Sie Ihre Sozialversicherungsnummer und den Sozialversicherungsausweis.

Es gibt einen Unterschied zwischen dem Bruttogehalt und dem Nettogehalt. Das Bruttogehalt minus Steuern und Beiträge zur Sozialversicherung ist das Nettogehalt. Das ist das Geld, das Sie wirklich bekommen.

1. ☐ Die Steuern zahlt man an das Finanzamt.
2. ☐ In Deutschland zahlen alle Kirchensteuer.
3. ☐ Hat man eine neue Arbeit, gibt man dem Arbeitgeber eine Lohnsteuerkarte.
4. ☐ Das Bruttogehalt ist höher als das Nettogehalt.

Ausdruck der elektronischen Lohnsteuerbescheinigung für 2015

Nachstehende Daten wurden maschinell an die Finanzverwaltung übertragen.

Frau
Maria Mata
Blumenweg 8
40217 Düsseldorf

eTIN: MMN8GNHR88J07L
Identifikationsnummer: 76346132079
Personalnummer: 2761
Geburtsdatum: 05.08.1988
Transferticket: 0891599103014470344

Dem Lohnsteuerabzug wurden zugrunde gelegt:

Steuerklasse/Faktor	vom–bis
40,000	01.01.2015–31.12.2015

Zahl der Kinderfreibeträge	vom–bis
1,0	

Steuerfreier Jahresbetrag	vom–bis
0,00	

Jahreshinzurechnungsbetrag	vom–bis
0,00	

Kirchensteuermerkmale	vom–bis
katholisch	

Anschrift und Steuernummer des Arbeitgebers:

		EUR	Ct
1. Dauer des Dienstverhältnisses		vom - bis 01.01.2015 – 31.12.2015	
2. Zeiträume ohne Anspruch auf Arbeitslohn		Anzahl „U"	
Großbuchstaben (S, M, F)		F	
3. Bruttoarbeitslohn einschl. Sachbezüge ohne 9. und 10.		22.800,00	
4. Einbehaltene Lohnsteuer von 3.		2.211,96	
5. Einbehaltener Solidaritätszuschlag von 3.		69,72	
6. Einbehaltene Kirchensteuer des Arbeitnehmers von 3.		118,89	
7. Einbehaltene Kirchensteuer des Ehegatten von 3. (nur bei konfessionsverschiedener Ehe)		0	
8. In 3. enthaltene Versorgungsbezüge		0	
9. Ermäßigt besteuerte Versorgungsbezüge für mehrere Kalenderjahre		0	
10. Ermäßigt besteuerter Arbeitslohn für mehrere Kalenderjahre (ohne 9.) und ermäßigt besteuerte Entschädigungen		0	
11. Einbehaltene Lohnsteuer von 9. und 10.		0	
12. Einbehaltener Solidaritätszuschlag von 9. und 10.		0	
13. Einbehaltene Kirchensteuer des Arbeitnehmers von 9. und 10.		0	
14. Einbehaltene Kirchensteuer des Ehegatten von 9. und 10. (nur bei konfessionsverschiedener Ehe)		0	
15. Kurzarbeitergeld, Zuschuss zum Mutterschaftsgeld, Verdienstausfallentschädigung (Infektionsschutzgesetz), Aufstockungsbetrag und Altersteilzeitzuschlag		0	
16. Steuerfreier Arbeitslohn nach	a) Doppelbesteuerungsabkommen (DBA)	0	
	b) Auslandstätigkeitserlass	0	
17. Steuerfreie Arbeitgeberleistungen für Fahrten zwischen Wohnung und erster Tätigkeitsstätte		0	
18. Pauschal besteuerte Arbeitgeberleistungen für Fahrten zwischen Wohnung und erster Tätigkeitsstätte		0	
19. Steuerpflichtige Entschädigungen und Arbeitslohn für mehrere Kalenderjahre, die nicht ermäßigt besteuert wurden - in 3. enthalten		0	
20. Steuerfreie Verpflegungszuschüsse bei Auswärtstätigkeit		0	
21. Steuerfreie Arbeitgeberleistungen bei doppelter Haushaltsführung		0	
22. Arbeitgeberanteil/ -zuschuss	a) zur gesetzlichen Rentenversicherung	2.131,80	
	b) an berufsständische Versorgungseinrichtungen	0	
23. Arbeitnehmeranteil	a) zur gesetzlichen Rentenversicherung	2.131,80	
	b) an berufsständische Versorgungseinrichtungen	0	
24. Steuerfreie Arbeitgeberzuschüsse	a) zur gesetzlichen Krankenversicherung	1.869,60	
	b) zur privaten Krankenversicherung	0	
	c) zur gesetzlichen Pflegeversicherung	0	
25. Arbeitnehmerbeiträge zur gesetzlichen Krankenversicherung		1.869,60	
26. Arbeitnehmerbeiträge zur sozialen Pflegeversicherung		267,90	
27. Arbeitnehmerbeiträge zur Arbeitslosenversicherung		342,00	
28. Beiträge zur privaten Kranken- und Pflege-Pflichtversicherung oder Mindestvorsorgepauschale		0	
29. Bemessungsgrundlage für den Versorgungsfreibetrag		0	
30. Maßgebendes Kalenderjahr des Versorgungsbeginns zu 8. und/oder 9.		0	
31. zu 8. bei unterjähriger Zahlung: Erster und letzter Monat, für den Versorgungsbezüge gezahlt wurden		0	
32. Sterbegeld, Kapitalauszahlungen/Abfindungen und Nachzahlungen von Versorgungsbezügen		0	

Versicherungsnummer
24310782G045
Lichtbild nur bei Mitführungspflicht (siehe Beiblatt) Lichtbild 35 x 45 mm
A 2828485

Name, Vorname
Guendel, Johannes
Geburtsname
***
Versicherungsnummer
24 310782 G 045
ausgestellt von der
Bundesversicherungsanstalt
für Angestellte
ausgestellt am
17.02.03
Nr. 02

2 Eine Gehaltsabrechnung

a) Lesen Sie Frau Matas Gehaltsabrechnung und ergänzen Sie den Text.

> Bruttogehalt – Kirchensteuer – Krankenversicherung – Lohnsteuer – netto – Steuerklasse

Frau Mata hat ein .... von 1900 Euro im Monat. .... verdient sie

monatlich 1315,68 Euro. Sie ist verheiratet und ihr Mann arbeitet auch. Deshalb ist sie in

.... IV. Weil sie in der katholischen Kirche ist, muss sie auch ....

zahlen. Die .... beträgt 184,33 Euro. In Deutschland braucht jeder

eine .... Frau Mata ist bei der AOK krankenversichert.

Gehaltsabrechnung für März 2016
Funke GmbH   Wilhelmstraße 47   45127 Essen

Steuer-Identifikationsnummer:
7834 61 7509 0

Frau Maria Mata
Blumenweg 8
40217 Düsseldorf

Krankenkasse:	AOK
Steuerklasse:	IV / 1 Kind
Eintritt:	01.06.2014
Geburtsdatum:	05.08.1988
SV-Nr.:	85071088W002
Konto:	DE73100800000093534410

Bezüge/Abzüge	Tg/Std.	Monat Betrag (EUR)
Gehalt		1900,00
Vermögenswirksame Leistung – Arbeitgeberanteil		40,00
Sozialversicherungstage	30	
Steuertage	30	
Gesamtbrutto		1940,00
Lohnsteuer		184,33
Solidaritätszuschlag		5,81
Kirchensteuer		9,90
Rentenversicherung		177,65
Arbeitslosenversicherung		28,50
Krankenversicherung		155,80
Pflegeversicherung		22,23
Gesetzliches Netto		**1315,68**
Abzug Essengeld		60,00
Auszahlungsbetrag		**1255,68**

b) Welche Steuern gibt es bei Ihnen nicht? Gibt es andere? Vergleichen Sie im Kurs.

1 Weihnachten – und das große Schenken

a) Was meinen Sie? Welche Aussagen sind richtig? Kreuzen Sie an.

1. ☐ Am ersten Dezember beginnen die Menschen mit dem Weihnachtseinkauf. *3–4*

2. ☐ Nur die Kinder bekommen Weihnachtsgeschenke. ....

3. ☐ Früher haben sich die Kinder noch über Süßigkeiten zu Weihnachten gefreut. ....

4. ☐ Männer freuen sich nicht sehr über Krawatten und Socken. ....

5. ☐ Frauen freuen sich am meisten über Küchengeräte. ....

6. ☐ Die meisten Menschen freuen sich nicht nur über große Geschenke. ....

7. ☐ Weihnachtsgeschenke, die man nicht gut findet, kann man zurückgeben. ....

b) Lesen Sie den Artikel. Überprüfen Sie Ihre Vermutungen aus a) und ordnen Sie die Textzeile(n) zu.

Der Stress mit den Geschenken

Weihnachten ist das wichtigste Familienfest – und auch das Fest mit vielen Geschenken. Schon viele Wochen vorher beginnt das große 5 Einkaufen. Ab Mitte November sind die Einkaufsstraßen für das Fest geschmückt, in vielen Geschäften begrüßen fröhliche Weihnachtsmänner die Kinder, und man 10 hört im Radio und Supermarkt die ganze Zeit Weihnachtslieder. Viele Menschen kaufen jetzt Weihnachtsgeschenke und müssen sich jedes Jahr wieder fragen: Was 15 schenke ich meinen Lieben, die schon alles haben und sich oft auch nichts wünschen? Bei Kindern ist es oft nicht so schwierig. Sie schreiben gerne lange 20 Wunschzettel an den Weihnachtsmann (auch wenn sie schon wissen, dass die Eltern oder Großeltern die Geschenke kaufen ☺).

Diese Weihnachtswünsche können 25 für die Eltern aber auch ein großes Problem sein. Früher haben sich Kinder noch über ein paar Süßigkeiten und neue Socken gefreut, heute wünschen sie sich meistens 30 Handys, Computer oder elektronisches Spielzeug. Viele Haushalte haben nicht genug Geld für so teure Wünsche. Natürlich sollen sich Weihnachten 35 nicht nur die Kinder freuen. Eine Umfrage untersuchte, welche Weihnachtsgeschenke Erwachsene lieber nicht bekommen möchten. Ganz oben auf der Liste waren bei 40 den Frauen elektronische Küchen- und Haushaltsartikel, und bei den Männern Socken und Krawatten. Kleidung und Körperpflegeartikel waren in beiden Gruppen auch 45 nicht sehr beliebt. Nur drei Prozent Männer und fünf Prozent Frauen

sagten, dass sie sich über jedes Geschenk freuen, auch dann, wenn sie es nicht schön finden. Ein anderes 50 res Ergebnis zeigte, dass es beim Schenken nicht so wichtig ist, wie teuer das Geschenk war. Die Zeit, die man sich für das Geschenk nimmt, war 72 Prozent viel wichtiger! Weniger als 25 Prozent meinten, dass sie sich besonders über Geschenke, die viel gekostet haben, freuen. Was soll man aber mit Geschenken 60 machen, die man nicht schön findet oder nicht braucht? Oft kann man sie nach Weihnachten umtauschen. Ohne Kassenzettel ist das aber ein Problem. Viele Menschen 65 in Deutschland verkaufen die Sachen nach Weihnachten im Internet. So bekommen auch unbeliebte Geschenke noch eine zweite Chance!

c) Was passt zusammen? Lesen Sie noch einmal und verbinden Sie.

Bei Geschenken ist	1		a	über jedes Geschenk.
Kinder wünschen sich	2		b	Zeit oft wichtiger als Geld.
Viele Kinder schreiben	3		c	keine beliebten Weihnachtsgeschenke.
Sehr wenige freuen sich	4		d	heute oft sehr teure Geschenke.
Badeschaum oder Parfüm sind	5		e	teure Geschenke besonders gut.
Nur ein Viertel aus der Umfrage finden	6		f	vor Weihnachten lange Wunschzettel.

2 So feiern wir Weihnachten.

31

a) Hören Sie zu. Ordnen Sie jedem Text ein passendes Foto zu.

a ☐

b ☐

c ☐

b) Hören Sie noch einmal und ergänzen Sie die Tabelle.

	Helene Huber	Rainer Marx	Tina Gause
Wo?	zu Hause		
Mit wem?		Araya / Freundin	
Essen?			
Geschenkwunsch?			

c) Wer sagt das? Kreuzen Sie an.

	Helene	Rainer	Tina
1. Im Dezember gehe ich immer mit meiner Freundin auf den Weihnachtsmarkt.	☐	☐	☐
2. Ich singe sehr gerne Weihnachtslieder. *cancel*	☐	☐	☐
3. So viele Süßigkeiten – das ist nichts für mich.	☐	☐	☐
4. Ich feiere dieses Jahr Weihnachten ohne meine Eltern.	☐	☐	☐
5. Früher habe ich immer mit der ganzen Familie Weihnachten gefeiert.	☐	☐	☐
6. Ich gehe am Heiligen Abend immer in die Kirche.	☐	☐	☐
7. Hier feiert man Weihnachten gern am Strand.	☐	☐	☐
8. Weiße Weihnachten finde ich besonders schön.	☐	☐	☐

3 Feste und Jahreszeiten. **Wann feiert man ...? Kreuzen Sie an.**

	Weihnachten	Ostern	Stadtfest	Erntefest	Silvester	Weinfest	Karneval	Oktoberfest	Halloween	Valentinstag
1. Frühling	☐	☐	☐	☐	☐	☐	☐	☐	☐	☐
2. Sommer	☐	☐	☐	☐	☐	☐	☐	☐	☐	☐
3. Herbst	☐	☐	☐	☐	☐	☐	☐	☐	☐	☐
4. Winter	☐	☐	☐	☐	☐	☐	☐	☐	☐	☐

colmita (handwritten note above Erntefest)

Sommer | Herbst | Frühling | Winter

4 Drei Feste. **Hören Sie zu: Welches Fest ist das? Wenn Sie es wissen, drücken Sie die Pause-Taste und notieren die Lösung. Dann hören Sie weiter.**

32

1. ....

2. ....

3. ....

5 Geschenke

owu ogue pr quen (handwritten)

a) Wer schenkt wem was? Ergänzen Sie den Merksatz mit den Wörtern am Bild.

ein Akkusativ

Herr Nominativ

Frau Dativ

.... schenkt .... einen ....

b) Sehen Sie sich die Geschenke an und schreiben Sie Sätze wie im Beispiel.

1 Von Oma für Jan

2 VON MAX FÜR UTE

3

4 Von Ute für Max

Von Ute und Max für Oma

5 von Mama & Papa für Jan

6 von Oma für Ute und Max

1. Die Oma schenkt ihrem Enkel Jan einen Ball.
2. Max schenkt Ute eine Lampe
3. Ute und Max schenken einen Sessel einer Oma
4. Ute schenkt seinem Bruder ein
5. ....
6. ....

6 Dativ oder Akkusativ

a) Markieren Sie wie im Beispiel.

1. Frau Sommer wünscht dem Nachbarn (*Dat.*/Akk.) ein frohes neues Jahr.
2. Hast du die Süßigkeiten (Dat./Akk.) schon gekauft?
3. Ich habe den Osterhasen (Dat./Akk.) noch nie gesehen.
4. Meine Tochter hat den Großeltern (Dat./Akk.) einen schönen Fotokalender gemacht.
5. Heute bereiten wir die Silvesterparty (Dat./Akk.) vor.
6. Schenken wir der Freundin (Dat./Akk.) von Jakob wieder ein Buch?

b) Ersetzen Sie nun die Dativ- und Akkusativergänzungen durch ein Pronomen.

1. Frau Sommer trifft Herrn Moll und wünscht (ihm) ein frohes neues Jahr.
2. Wo sind die Süßigkeiten? Hast du sie schon gekauft? Morgen ist doch Halloween!
3. Du glaubst an den Osterhasen? Ich habe sie noch nie gesehen. Den gibt es gar nicht.
4. Den Großeltern hat das Geschenk gefallen. Meine Tochter hat ihm einen Kalender gemacht.
5. Die Silvesterparty ist bei Konstantin. Heute bereiten wir ihr vor. Hilfst du uns?
6. Jakobs Freundin hat bald Geburtstag. Schenken wir ihr wieder ein Buch?

7 Verben mit Dativ. Ergänzen Sie die passenden Verben.

> helfen – gratulieren – schmecken – danken – ~~gehören~~ – gefallen – fehlen

1. _Gehört_ **dir** das rote Auto? Die Farbe .... **mir** wirklich sehr!
2. Wir _danken_ **euch** ganz herzlich zur Hochzeit!
3. Und wer _helfen_ **uns** nach der Silvesterparty beim Aufräumen?
4. Mein Weihnachtskuchen _schmecken_ **euch** nicht, oder?
5. Warum kommst du zu Weihnachten nicht nach Hause? Du _fehlst_ **uns**!
6. Ich _gratuliere_ **dir** für die schönen Fotos.

8 Präpositionen mit Dativ. Ordnen Sie die Sätze und schreiben Sie nach *aus, bei, mit, nach, von* und *zu* den richtigen Artikel.

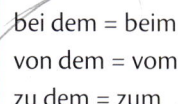

bei dem = beim
von dem = vom
zu dem = zum
zu der = zur

1. gestern – du – *der* Frisör – Warst – **bei** – ?
   Warst du gestern beim Frisör?

2. die Gäste – waren – sehr – **nach** – müde – *die* Feier – Am Morgen – .
   Am Morgen
   ....

3. einen Ring – meiner Freundin – Ich – *der* Valentinstag – schenke – **zu** – .
   ....
   ....

4. **bei** – Ich – gestern – *die* Nachbarn von unten – war – .
   ....
   ....

5. Johann – jedes Jahr – *seine* Oma – Socken – **von** – bekommt – .
   ....
   ....

6. ausziehen – *das* Haus – möchten – morgen – **aus** – Wir – .
   ....
   ....

7. uns – Wir – nicht gesehen – **seit** – *die* Umzugsparty – haben – .
   ....
   ....

8. du – *der* Weihnachtsmann – wirklich – **mit** – telefoniert – Hast – ?
   ....
   ....

9 Eine Kettengeschichte

a) **Sehen Sie sich die Fotos an und bringen Sie die Sätze in die richtige Reihenfolge.**

☐ Ich vergesse mein Geld.	☐ Ich gehe ganz schnell aus dem Haus.
☐ Es regnet. *(1)*	☐ Ich muss pünktlich an der Haltestelle sein.
☐ Ich kann keine Geschenke kaufen.	☐ Ich fahre nicht mit dem Fahrrad in die Stadt.
☐ Ich nehme den Bus.	

b) *Wenn ..., dann ...* **Schreiben Sie die Geschichte weiter.**

1. Wenn es regnet, dann fahre ich nicht mit dem Fahrrad in die Stadt.

2. Wenn ich nicht mit dem Fahrrad in die Stadt fahre, dann

3.

4.

5.

6.

10 Wortschatz Feste feiern. Ordnen Sie jedem Fest mindestens ein Nomen zu.

> ~~Ei~~ – Tanz – Geschenk – Hase – Sekt – Umzug – Feuerwerk – Kerze – Musik

Ostern: das Ei,

Kindergeburtstag:

Erntefest:

Silvester:

11 **Wann sagt man das?** Kreuzen Sie die richtige Antwort an.

1. Herzlichen Glückwunsch!

a) ☐ Wenn man sich entschuldigen möchte.
b) ☐ Wenn man jemandem gratuliert.
c) ☐ Wenn jemand gestorben ist.

2. Das tut mir wirklich leid!

a) ☐ Wenn man sich begrüßt.
b) ☐ Wenn man sich entschuldigen möchte.
c) ☐ Wenn man sich lange nicht gesehen hat.

3. Alles Gute!

a) ☐ Wenn man sich (für eine längere Zeit) verabschiedet.
b) ☐ Wenn jemand viel Glück gehabt hat.
c) ☐ Wenn jemand etwas gut gemacht hat.

4. Viel Glück!

a) ☐ Wenn man wütend ist.
b) ☐ Wenn man jemandem helfen möchte.
c) ☐ Wenn jemand sich um eine neue Stelle bewirbt.

5. Gute Besserung!

a) ☐ Wenn man sich verabschiedet.
b) ☐ Wenn jemand schlechte Laune hat.
c) ☐ Wenn jemand krank ist.

6. Viel Erfolg!

a) ☐ Wenn jemand bald eine Prüfung macht.
b) ☐ Wenn es schon seit drei Tagen regnet.
c) ☐ Wenn man Hilfe braucht.

1 Religionen und religiöse Feste in Deutschland

a) Gotteshäuser in Deutschland. Ordnen Sie zu.

a

b

c

1 ☐ die Kirche   2 ☐ die Synagoge   3 ☐ die Moschee

b) Lesen Sie Statistik und ergänzen Sie. Die Grafik hilft.

Religionsgemeinschaften in Deutschland

Zu den großen Weltreligionen gehören das Judentum, das Christentum, der Islam, der Hinduismus, der Buddhismus und die Bahai-Religion. In Deutschland schreibt der Staat keine Religion vor. In Religionsfragen ist er neutral. Viele Menschen hier sind aber Mitglied in einer _____. Die meisten Menschen sind _____ oder _____. Die größte Gruppe unter den nicht christlichen religiösen Menschen sind die _____ mit vier Prozent. 2015 waren das mehr als vier Millionen Menschen. Aber _____ gehören in Deutschland zu keiner Religionsgemeinschaft.

■ Protestanten   ■ Muslime
■ Katholiken   ■ Keine
■ Andere

2 %
28 %
33 %
4 %
33 %

c) Quiz. Was wissen Sie über die Religionen? Kreuzen Sie an.

1. In welcher Religion gibt es eine Fastenzeit?
a) ☐ nur im Christentum
b) ☐ nur im Judentum und im Islam
c) ☐ in allen drei Religionen

2. Wie heißt das muslimische Fest des Fastenbrechens auch?
a) ☐ Ramadan
b) ☐ Opferfest
c) ☐ Zuckerfest

3. Zu welcher Religion gehört der Weihnachtsmann?
a) ☐ zum Christentum und zum Judentum
b) ☐ zum Islam
c) ☐ zu keiner der drei Religionen

4. Wann fasten viele Christen?
a) ☐ zwischen Aschermittwoch und Ostern
b) ☐ im Juni
c) ☐ zwischen Weihnachten und Rosenmontag

5. Wo leben die meisten Buddhisten?
a) ☐ in Afrika
b) ☐ in Asien
c) ☐ in Nordamerika

6. Wie ist das Essen nach jüdischen Vorschriften?
a) ☐ scharf
b) ☐ koscher
c) ☐ ohne Salz

2 **Feste 2016. Wer feiert was wann?**

a) **Machen Sie zu dritt eine Tabelle in Ihrem Heft.**

Christen	Juden	Muslime	Hindus/Buddhisten	nicht religiöse Feste

Festtagskalender 2016

Januar
01.01. Neujahr
06.01. Heilige Drei Könige

Februar
08.02. Chinesisches Neujahr
09.02. Tibetisches Neujahr – Losar
14.02. Valentinstag

März
08.03. Internationaler Tag der Frau
25.03. Karfreitag
23.03. Holi – Fest der Liebe
24.03. Purim – Freudenfest im Frühling
27.03.–28.03. Ostern

April
08.04. Geburt des Buddha
23.04. – 30.04. Pessach

Mai
01.05. Tag der Arbeit
05.05. Christi Himmelfahrt
08.05. Muttertag
15.05.–16.05. Pfingsten
22.05. Vesak – Tag des Buddha
26.05. Fronleichnam

Juni
07.06. – 07.07. Ramadan
12.06. Schawuot
20.06. Weltflüchtlingstag

Juli
07.07. – 09.07. Fest des Fastenbrechens

August
06.08. Chökhor Düchen – erste Lehrrede des Buddha
15.08. Mariä Himmelfahrt

September
12.09. – 15.09. Opferfest

Oktober
03.10. Tag der deutschen Einheit
03.10. Rosch ha-Schana – Fest zum Neujahr
12.10. Jom Kippur – Versöhnungstag
30.10. Diwali – Fest des Lichts
31.10. Halloween
31.10. Hindu-Neujahr

November
01.11. Allerheiligen

Dezember
12.12. Geburtstag des Propheten Mohammed
24.12. Heiligabend
25.12. 1. Weihnachtstag
26.12. 2. Weihnachtstag

b) **Beschreiben Sie. Erzählen Sie im Kurs.**

Christen feiern Ostern im März. Am Ostersonntag suchen Kinder Ostereier.

Viele Menschen auf der ganzen Welt feiern am 31.10. Halloween.

c) **Welche religiösen und nicht-religiösen Feste feiern Sie (nicht)? Schreiben Sie.**

1 Medienberufe. Wer schminkt eigentlich die Schauspieler?

a) Ordnen Sie den Text.

☐ Petra beginnt mit ihrer Arbeit. Sie ändert die Haarfarbe und Frisur von Anna und schminkt die Schauspielerin, bis sie viel älter und sehr müde aussieht. Dann stehen die Schauspieler vor der Kamera. In dieser Szene erfährt Frau Wagner, dass sie keine Arbeit mehr hat. Das Geschäft muss schließen.

☐ Die Szene in der Arbeitsagentur ist fertig und Petra bereitet die Sachen für den Nachmittag vor. Nach einem schnellen Mittagessen fährt sie mit dem Filmteam zum nächsten Termin ins Stadtzentrum. Der kleine Sohn von Frau Wagner hat da einen schweren Verkehrsunfall.

☑ *1* Petras Arbeitstag beginnt wie immer mit dem Arbeitsplan und dem Filmtext. Sie muss genau wissen, welche Szenen der Regisseur für den Tag geplant hat. Nur so kann sie das Aussehen der Schauspieler und Schauspielerinnen richtig vorbereiten.

☐ Petra sieht sich Annas Gesicht sehr genau an: Passen Schminke und Frisur wirklich zu der Szene im Film? Zum Glück ist alles o.k. Der Regisseur ist auch zufrieden. Im nächsten Teil hat Frau Wagner einen Termin bei der Arbeitsagentur. Petra muss Anna schnell eine neue Frisur machen und die Schminke etwas ändern. Frau Wagner muss für den Termin gut aussehen.

☐ Denn das richtige Aussehen der Schauspieler ist Petras Beruf. Sie ist Maskenbildnerin. Heute Morgen kommt zuerst die Schauspielerin Anna zu Petra. Anna hat eine Hauptrolle in dem Film. Sie spielt eine Mutter von vier kleinen Kindern, die sich vom Vater der Kinder getrennt hat. Petra muss aus der fröhlichen jungen Schauspielerin die Mutter „Ruth Wagner" machen.

b) Wie heißt Petras Beruf?

.... : Mit diesem Beruf kann man beim Film oder im Theater arbeiten.

c) Lesen Sie den Text in a) noch einmal. Welche Beschreibung passt am besten zu dem Film? Kreuzen Sie an.

1. ☐ **Alles kein Problem!**
Der kleine Michael liegt im Krankenhaus, weil er einen Unfall hatte. Ein paar Tage später verliert seine Mutter ihre Arbeit und weiß nicht, wie sie die Miete bezahlen soll. Ein Film, der die Zuschauer zum Weinen und zum Lachen bringt.

2. ☐ **Familie Wagner**
Der Film erzählt die Geschichte von Ruth, einer jungen Mutter. Sie hat sich gerade von ihrem Mann getrennt, keine Arbeit und verliert dann bei einem Verkehrsunfall fast ihren jüngsten Sohn. In der Klinik lernt sie den attraktiven Dr. Mertens kennen. Ist am Ende doch wieder alles gut?

3. ☐ **Kinder, Kinder**
Ruth Wagner, 37, lebt alleine mit ihren vier Kindern in einer kleinen Wohnung. Plötzlich verliert sie ihre Arbeit als Maskenbilderin. Auf dem Weg zur Arbeitsagentur hat sie auch noch einen Verkehrsunfall und muss mit schweren Verletzungen ins Krankenhaus. Sie macht sich große Sorgen. Wer bleibt nun bei den Kindern?

2 Emotionen im Film

a) Hören Sie die Dialoge. Ordnen Sie jedem Dialog ein Emoticon zu.

33

Dialog  ☐   Dialog  ☐   Dialog  ☐   Dialog 1    Dialog ☐

b) „Übersetzen" Sie die Emoticons wie im Beispiel.

Dialog 1: *Frau Wagner wundert sich.*   Dialog 4: ....

Dialog 2: *Sie* ....   Dialog 5: ....

Dialog 3: ....

3 Textkaraoke Emotionen. Hören Sie und sprechen Sie die 👄-Rolle. Achten Sie auf die Intonation.

34

Dialog 1
👂 ...
👄 Wie bitte? Wir müssen schließen? Aber das, das kann doch gar nicht sein!
👂 ...

Dialog 2
👂 ...
👄 Das ist eine Katastrophe! Ich muss mich alleine um meine Kinder kümmern und weiß nicht, wie ich ohne Arbeit die Miete bezahlen soll.

Dialog 3
👂 ...
👄 Nur für ein paar Stunden mit Timmi! Das glaube ich jetzt nicht! Du bist doch sein Vater!

Dialog 4
👂 ...
👄 Das ist ja toll! Wo denn?
👂 ...
👄 Prima. Und die andere Stelle?
👂 ...
👄 Das passt mir auch gut. Ich mache gleich die Bewerbungen fertig. Vielen Dank für Ihre Hilfe!

Dialog 5
👂 ...
👄 Aus dem Krankenhaus? Was ist denn passiert?
👂 ...
👄 Timmi? Ich komme sofort.

4 Das Adlon. Eine Familiensaga

a) Lesen Sie den ersten Teil des Filmtipps und markieren Sie alle Artikel und Nomen im Genitiv. Ergänzen Sie dann die Tabelle.

Samstag 20:15

TV-TIPP

fernsehen aktuell   38. KW

Das Adlon. Eine Familiensaga.

Unter dem Titel *Das Adlon. Eine Familiensaga* hat das Zweite Deutsche Fernsehen (ZDF) 2012 einen dreiteiligen Fernsehfilm produziert. Thema des Films ist die spannende Geschichte des Hotels und der Familie Adlon. Dazu haben die Autoren eine weitere Familie erfunden: die Schadts.

Grammatik

	Singular			Plural
Nominativ	*der Film*	*das Hotel*	*die Familie*	
Genitiv	....	....	....	der Filme/Hotels/Familien

b) Lesen Sie weiter und ergänzen Sie die Artikel im Genitiv mit Hilfe der Tabelle aus a).

Berlin 1914. Der Restaurantbesitzer Lorenz Adlon will im Zentrum *der* Hauptstadt ein elegantes Hotel bauen. Sein Sohn Louis findet den Plan zu teuer. Zum Glück hat Lorenz Adlon Freunde, die sehr viel Geld haben und ihm helfen. Einer .... Freunde ist der Kaufmann Gustaf Schadt.
Die Familie Schadt spielt im Film neben der Familie Adlon eine wichtige Rolle. Alma ist die einzige Tochter von Gustaf und Ottilie Schadt. Sie erwartet ein Kind. Weil der Vater .... Kindes ein einfacher Mann ohne Geld ist, sind ihre Eltern gegen eine Heirat. Niemand darf etwas von Almas Kind wissen. Deshalb geht sie bald nach der Geburt .... Tochter Sonja mit der Amerikanerin Undine Adams in die USA. Sonja bleibt in Berlin und lebt als Tochter von Gustaf und Ottilie im

Haus .... Großeltern.
Als Gustaf Schadt viele Jahre später sehr krank ist, erzählt er Sonja die Wahrheit: Alma ist nicht ihre Schwester – sie ist ihre Mutter!
Nach dem Tod .... Vaters kommt Alma mit Undine und Hedda Berger nach Berlin. Es gibt einen Streit zwischen Mutter und Tochter und Sonja lernt nun endlich ihren richtigen Vater kennen. Im Hotel verliebt sich Louis Adlon in Almas Freundin Hedda ...
Dieser Film bietet Drama, Tragödie und auch Romantik. Er erzählt die Schicksale .... Familien Adlon und Schadt und man sieht viel von der deutschen Geschichte von 1904 bis 1997. Den ersten Teil .... Films zeigt das Zweite Deutsche Fernsehen am Samstag um 20:15 Uhr.

c) Wer ist das? Lesen Sie den Filmtipp noch einmal und ergänzen Sie die Namen.

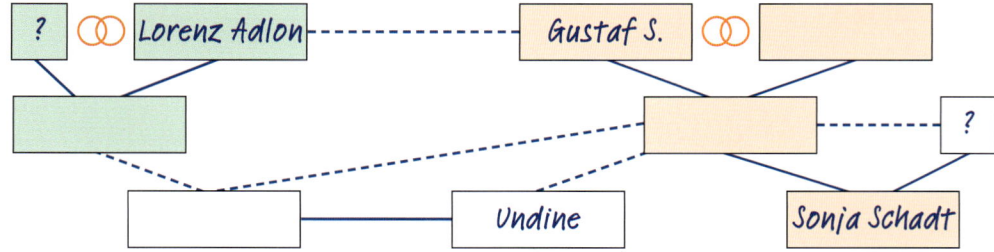

5 Indefinita

a) Markieren Sie Singular (Sg.) oder Plural (Pl.)

1. Mir hat nicht alles (<mark>Sg.</mark>/Pl.) gefallen, was ich gestern in der Ausstellung gesehen habe.
2. Hast du heute Abend etwas (Sg./Pl.) Zeit für mich? Ich muss mal mit dir reden.
3. Du weißt für alle (Sg./Pl.) Probleme immer eine Lösung.
4. Manche (Sg./Pl.) Menschen sind nie zufrieden.
5. Meine Freundin hat leider nur wenig (Sg./Pl.) Interesse an Sport.
6. Einige (Sg./Pl.) Schauspieler aus dem Film kenne ich nicht.
7. Nur wenige (Sg./Pl.) Zuschauer interessieren sich für Tierfilme.

b) Ordnen Sie die Indefinita aus a) zu.

Singular: *alles* ....

Plural: ....

6 Was hat der Regisseur geändert?

a) Lesen Sie den Text und machen Sie eine Skizze mit den Änderungen.

Janosch arbeitet beim Film. Er hat die Bühne für eine Szene vorbereitet. Ein rotes Sofa steht unter dem Fenster. Rechts neben dem Sofa steht ein grüner Sessel. Rechts an der Wand steht ein Schreibtisch. An den Wänden hängen viele Bilder und rechts neben dem Schreibtisch hängt ein Spiegel an der Wand. Vor dem Spiegel steht eine Vase und auf dem Boden liegen Zeitungen.

 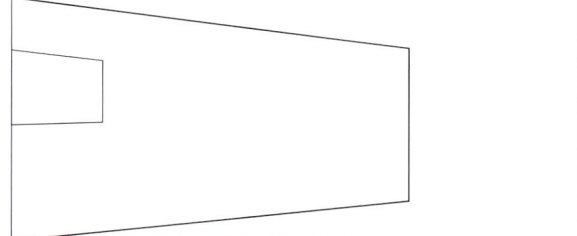

Dem Regisseur gefällt das nicht. Janosch muss alles ändern. Er stellt das rote Sofa an die rechte Wand und hängt den Spiegel links neben das Sofa an die Wand. Die Vase stellt er wieder vor den Spiegel. Der grüne Sessel und das Regal bleiben stehen. Den Schreibtisch stellt er unter das Fenster. Dann legt er noch ein paar Zeitungen auf das Sofa. Jetzt ist der Regisseur zufrieden.

b) Wo oder wohin? Schreiben Sie Fragen wie im Beispiel.

1. *Wo steht das Sofa?* .... Es steht unter dem Fenster.

   Wohin stellt er das Sofa? .... Janosch stellt es an die rechte Wand.

2. .... Er steht an der rechten Wand.

   .... Janosch stellt ihn unter das Fenster.

3. .... Er hängt rechts neben dem Schreibtisch.

   .... Janosch hängt ihn links neben das Sofa.

4. .... Sie liegen auf dem Boden.

   .... Janosch legt ein paar Zeitungen auf das Sofa.

7 **Fernsehabend.** Ergänzen Sie in den Dialogen die Präpositionen *in* (3x), *auf* (3x) und *vor* (2x) und die Artikel im Dativ oder Akkusativ.

1. 💬 Was machen wir heute Abend?

   🖐 Keine Ahnung. Ich wollte ..*in der*.. Fernsehzeitung lesen, was heute im Fernsehen kommt. Aber ich kann sie nicht finden.

   💬 Die Fernsehzeitung? Die habe ich gestern oben .... Fernseher gelegt.

2. 💬 Gehst du .... Küche?

   🖐 Ja, warum? Brauchst du etwas?

   💬 .... Tisch steht ein Glas mit Apfelsaft. Bringst du mir das bitte mit?

3. 💬 Setz dich doch nicht so nah .... Fernseher. Das ist nicht gut für deine Augen.

   🖐 Wenn ich nicht so nah .... Fernseher sitze, sehe ich aber nicht so gut.

   💬 Ich sage es ja immer, du brauchst eine Brille!

4. 💬 Komm doch mal zu mir .... Sofa und schau mit mir den Film an.

   🖐 Danke, den kenne ich schon. Ich bleibe lieber .... Küche und lese noch etwas.

8 **Emotionen ausdrücken**

a) *Auf* oder *über*? Kreuzen Sie an. Wo passen beide Präpositionen?

	1. sich ärgern	**2.** sich freuen	**3.** wütend sein	**4.** sauer sein	**5.** traurig sein
auf	☐	☐	☐	☐	☐
über	☐	☐	☐	☐	☐

b) Ergänzen Sie Präpositionen und Artikel im Akkusativ.

1. Ich habe mich .... Geburtstagsgeschenk von dir sehr gefreut. Danke!

2. Ich bin sauer .... kleinen Bruder von Vladim. Er hat meine Kamera kaputt gemacht.

3. Manuela ist wütend .... Nachbarn, weil sie schon wieder eine sehr laute Party feiern.

4. Ärgert ihr euch auch so .... neuen Eintrittspreise im Kino?

5. Wir freuen uns schon .... nächsten Urlaub. Wir fahren nach Kenia.

6. Bist du traurig .... Ende der Fernsehserie?

9 **Zwei starke Frauen**

a) **Katerina spricht mit Carlos über Annette Stramel und Judith Harter aus dem Text im Kursbuch, S. 204. Hören Sie das Gespräch und ordnen Sie passende Relativsätze zu.**

35

1. Carlos hat den Text,	☐	noch nicht gelesen.
2. In den Kursen,	☐	sind nicht alle Schüler blind.
3. Ihre Mutter,	☐	hat Judith sehr geholfen.
4. Beim Tanzen sind ihre Füße,	☐	besonders wichtig.
5. Annette kann die Blindenschrift,	☐	lesen.
6. Die Finger,	☐	fühlen die Punkte auf dem Papier.

a) mit denen die Blinden lesen,

b) in der es nur sechs Punkte gibt,

c) mit der sie Lippenlesen gelernt hat,

d) in dem es um zwei starke Frauen geht,

e) mit denen sie dunkle Töne fühlen kann,

f) in denen Annette unterrichtet,

b) **Unterstreichen Sie in a) die Relativpronomen.**

10 **Wer oder was ist das?** **Lesen Sie die Aussagen und ordnen Sie das passende Wort zu. Dann schreiben Sie Definitionen mit Relativsätzen wie im Beispiel.**

    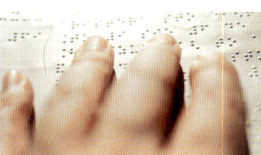

a Thriller (Pl.)   *b Komödien*   *c das Gesicht*   *d die Gebärdensprache*   *e Braille*

1. ☐ c Ein Körperteil. Mit dem Körperteil zeigen wir Emotionen.

Das Gesicht ist ein Körperteil, mit dem wir Emotionen zeigen.

2. ☐ Theaterstücke oder Filme. In den Theaterstücken oder Filmen lacht das Publikum viel.

....

3. ☐ Eine Sprache. In der Sprache unterhalten sich Gehörlose.

....

4. ☐ Eine Schrift. Mit der Schrift lesen und schreiben Blinde.

....

5. ☐ Filme. In den Filmen ist die Handlung ganz besonders spannend.

....

1 Gefühle und Meinungen ausdrücken

a) Hören Sie die beiden Dialoge. Worüber sprechen die Personen? Kreuzen Sie an.

Sie sprechen über …

☐ ein neues Kino.   ☐ einen neuen Film.   ☐ über Bewerberinnen.   ☐ über die Arbeit.

b) Hören Sie noch einmal. Welche Wörter sind betont? Unterstreichen Sie und sprechen Sie die Sätze dann nach.

1. Ich fand ihn <u>sehr</u> gut, ein <u>toller</u> Actionfilm.
2. Meiner Meinung nach war der Film ziemlich langweilig.
3. Das sehe ich ganz anders.
4. Sie ist wirklich qualifiziert.
5. Wir sollten sie unbedingt einladen.
6. Ihre Bewerbung hat mich absolut überzeugt.
7. Frau Mata ist auch sehr qualifiziert.

c) Hören Sie noch einmal und sammeln Sie in der Tabelle Redemittel, die Zustimmung oder Widerspruch ausdrücken und ergänzen Sie weitere Redemittel.

Zustimmung	Widerspruch
Das stimmt.	

d) Sprechen Sie über … Benutzen Sie die Redemittel aus c).

Hast Du den neuen Film … schon gesehen?

Ja, ein toller Film.

Stimmt. Mir hat er auch sehr gut gefallen

2 Konflikte und Streit im Alltag

a) Lesen Sie die Dialoge und ordnen Sie die Bilder zu.

a   b   c   d   e

☐ Dialog 1

💬 Wer ist der nächste, bitte?
🗨 Ich hätte gern ...
🗨 Entschuldigen Sie, aber ich warte schon länger.
🗨 Das stimmt nicht! Ich war schon die ganze Zeit in der Schlange. Ich bin nur kurz nach vorne gegangen, weil ich ...
💬 Regen Sie sich nicht auf! Wenn Sie meinen, dass Sie schon länger warten ...
   Bitteschön!

☐ Dialog 3

💬 Frau Müller, ich warte auf Ihren Bericht. Wo ist er?
🗨 Der Bericht ist leider noch nicht fertig. Sie bekommen ihn aber morgen früh.
💬 Morgen früh? Das darf doch nicht wahr sein! Ich habe Ihnen sehr deutlich gesagt, dass ich ihn heute brauche.
🗨 Das muss ein Missverständnis sein, Herr Krankl. Ich habe Ihnen doch gestern gesagt, dass ich etwas mehr Zeit brauche. Ich musste ja noch viele Bestellungen machen.

☐ Dialog 2

💬 Tor!
🗨 Quatsch! Das war kein Tor. Das war Handspiel.
💬 Du spinnst wohl!
🗨 Ganz ruhig bleiben, Jungs. Nicht aufregen. Es war ein Tor. 1 zu 0 für SV-Weingarten. Weiter geht's!

☐ Dialog 4

💬 Also, Leute, ihr müsst mit allen Arbeiten am Freitag fertig sein. Deshalb ...
🗨 Das geht nicht, Chef! Das ist unmöglich!
💬 Lassen Sie mich bitte ausreden. Ich erkläre Ihnen, wie wir es schaffen können. Hört mir also mal genau zu: ...

b) Markieren Sie die Redemittel in den Dialogen aus a) und ergänzen Sie.

Redemittel

Konflikte äußern und darauf reagieren

...................., aber ich warte schon länger.
Das darf doch nicht wahr sein!

.................................! Das war kein Tor.

...................................., Chef! Das ist unmöglich!

Regen Sie sich nicht auf!

.... Missverständnis sein.

Du ....!

Ganz ...., ...Jungs.

.... ausreden.

c) Schreiben Sie einen Dialog zur folgenden Situation. Nutzen Sie die Redemittel aus b).

Sie müssen am Samstag wieder arbeiten. Sie erklären Ihrem Chef, dass sie in den letzten Monaten sehr oft am Samstag gearbeitet haben und an diesem Samstag nicht arbeiten können.

Ihr Chef sagt, dass er Sie an diesem Samstag unbedingt braucht. Er schlägt aber vor, dass Sie in den kommenden Wochenenden nicht arbeiten müssen. Sie sind einverstanden.

1 **Eine tolle Erfindung**

a) Sehen Sie sich das Bild an und wählen Sie zwei Fragen aus, die Sie besonders interessieren.

- **a** ☐ Was ist das?
- **b** ☐ Wozu braucht man das?
- **c** ☐ Wie funktioniert die Erfindung?
- **d** ☐ Was kostet das?
- **e** ☐ Woher kommt die Idee?

b) Die Erfindung wird im Radio vorgestellt. Hören Sie zu und machen Sie sich Notizen zu den beiden Fragen, die Sie ausgewählt haben.

37

....

....

....

c) Lesen Sie die Antworten und hören Sie die Radiosendung noch einmal. Ordnen Sie jeder Frage aus a) eine Antwort zu.

37

1. ☐ Ein Fenster.
2. ☐ Fast gar nichts.
3. ☐ Mit Sonne und Wasser.
4. ☐ Es ist leider sehr teuer.
5. *a* Eine Lampe.

6. ☐ Aus Brasilien.
7. ☐ Nur mit Feuer.
8. ☐ Um besser zu sehen.
9. ☐ Um Wasser zu sparen.

d) Ergänzen Sie nun die Textgrafik.

> **a** wird in das Dach geschnitten. – **b** Diese Lampe kostet nichts! – **c** wird mit Wasser gefüllt. – **d** ist bei Sonnenschein hell. – **e** Wasser in der Flasche. – **f** wird in die Öffnung gehängt.

1 Eine große Flasche ....

2 Ein rundes Loch ....

3 Die volle Flasche ....

6 Das Beste ist: ....

5 Ein großer Raum unter der Öffnung ....

4 Die Sonne scheint auf das ....

2 **Von der Idee zum Produkt**

a) **Lesen Sie die Internetseite und ordnen Sie den Abschnitten passende Titel zu.**

a Werbung und Handel   **b** Die Idee gehört mir!   **c** Schutz und Rechte

---

http://www.patentundnun.de/

1. ☐ ....

Manche Menschen haben plötzlich eine tolle Idee für etwas ganz Neues.
Andere haben nicht so viel Glück und müssen oft lange nach einer Lösung für
ein Problem suchen. Das machen sie alleine oder in großen Forscherteams.
Die Entwicklung eines neuen Produkts kostet viel Zeit und oft auch sehr viel Geld.
5   Deshalb möchten viele mit ihrer Erfindung auch Geld verdienen und sie wollen
nicht, dass andere ihre Idee kopieren. Wie werden Erfindungen geschützt und
wie erfährt man, ob die Erfindung auch wirklich neu ist?

2. ☐ ....

Wer eine Erfindung gemacht und Interesse an der Produktion und dem Verkauf hat, muss zuerst zum
Patentamt gehen. Wenn keine andere Person, Firma oder Institution diese Idee angemeldet hat, sie also
10 wirklich neu ist, wird die Erfindung patentiert: Das Patent schützt die Erfindung und auch die Rechte des
Erfinders. Der Erfinder kann nun entscheiden, was mit seiner Erfindung passiert. Wenn er anderen Firmen
die Produktion und den Verkauf erlaubt, kann er mit der Erfindung Geld verdienen. Er oder sie kann sie
natürlich auch selbst produzieren oder verkaufen.

3. ☐ ....

Aber für die Produktion und den Verkauf braucht man meistens Geld. Die Erfinder können selbst eine
15 Firma gründen und mit der Produktion beginnen oder ihre Idee an eine andere Firma verkaufen. In
Deutschland, Österreich und der Schweiz gibt es jedes Jahr auch internationale Messen für Erfinder. Auf
vielen Präsentationen werden dort die neuesten Erfindungen gezeigt und wichtige Kontakte zu Firmen
und auch zum Handel hergestellt.

---

b) **Was steht im Text? Was ist neu? Notieren Sie die Zeilennummer(n) oder kreuzen Sie an.**

	Zeile	neu
1. Viele Erfindungen sind in der Entwicklung sehr teuer.	*4*	☐
2. Das Patentamt prüft, ob es die Idee schon gibt.	....	☐
3. Ein internationales Patent kostet mehr als ein nationales.	....	☐
4. Ein Erfinder kann das Recht an seinem Patent verkaufen.	....	☐
5. Die größte Erfindermesse der Welt findet jedes Jahr in Nürnberg statt.	....	☐
6. An den Erfindermessen nehmen auch viele Erfinder aus dem Ausland teil.	....	☐

c) **Aus Verben Nomen machen. Ergänzen Sie wie im Beispiel.**

1. patentieren   *das Patent* ....   **5.** dauern   ....

2. produzieren   ....   **6.** erfinden   ....

3. präsentieren   ....   **7.** verkaufen   ....

4. entwickeln   ....   **8.** schützen   ....

3 **Wozu braucht man das?** Schreiben Sie Sätze mit *um ... zu ...* .

> einen Notarzt rufen – ~~Lebensmittel kühlen~~ – Essen kochen – Kaffee kochen – seine
> Freunde anrufen – die Nachrichten hören

1. Einen Kühlschrank *braucht man, um Lebensmittel zu kühlen.*
2. Ein Radio
3. Einen Herd
4. Die Notrufnummer
5. Ein Telefon
6. Eine Kaffeemaschine

4 **Einen Zweck ausdrücken mit *damit*.** Formulieren Sie die Sätze aus Aufgabe 4 wie im Beispiel um.

1. Ich brauche einen Kühlschrank, *damit ich Lebensmittel kühlen kann.*
2. Meine Oma hat ein Radio,
3. Wir haben uns einen Herd gekauft,
4. Speichern Sie die Notrufnummer in Ihrem Handy,
5. Wir haben ein Telefon,
6. Ich brauche eine neue Kaffeemaschine,

5 **Aspirin für kranke Gummibäume.** Ergänzen Sie die Haushaltstipps.

1. *Brot ist wieder ofenfrisch:* Altes und trockenes Brot wird kurze Zeit mit etwas Wasser in ein Tuch gepackt und dann 20 Minuten im Ofen gebacken,

   damit *es wieder ofenfrisch ist* .

2. *Kaffee bleibt länger frisch:* Kaffee wird in den Kühlschrank gestellt,

   damit .

3. *Nicht weinen:* Man schneidet Zwiebeln unter kaltem Wasser,

   um **zu** .

4. *Dunkle Stellen aus Teetassen entfernen:* Man gibt für ein paar Stunden

   etwas Backpulver und heißes Wasser in die Teetasse, **um**

   zu .

5. *Der Gummibaum wird wieder gesund:* Wenn ein Gummibaum nicht mehr wächst, steckt man eine Aspirin in die Blumenerde,

   damit .

6. *Rosen sehen länger schön aus:* Man stellt Rosen mit etwas

   Zucker in warmes Wasser, **damit** .

6 **Wortschatz Zutaten**

a) **Ergänzen Sie die Wörter im Rätsel. Wie heißt das Lösungswort?**

Kreuzworträtsel:

```
                              Z¹
                B  A  C  K  P  U  L  V  E  R²
          M              3
                      L⁴
       Z              5
    W              6
       O           7
                         E⁸
          M                    9
          R¹⁰
       E   11
```

1. Was ist weiß und nicht süß?
2. Was ist weiß und wird gebraucht, damit der Kuchen nicht hart aus dem Ofen kommt?
3. Was ist weiß und wird auch getrunken?
4. Was ist weiß, trocken und wird auch gebraucht, um Brot zu backen?
5. Was ist weiß und sehr süß?
6. Was hat keine Farbe und fast keinen Geschmack?
7. Was ist rot, grün oder gelb und wächst z. B. auf Bäumen?
8. Was ist weiß oder braun, süß oder bitter und bei vielen sehr beliebt?
9. Was ist süß, gelb, rot oder grün und wird aus Früchten gemacht?
10. Was ist weiß und wird auch gern auf Brot gegessen?
11. Was ist innen weiß und gelb?

b) **Welche Wörter aus a) passen? Ordnen Sie zu.**

1. 250 Gramm ....   **3.** 1 Teelöffel ....

2. ¹/₄ Liter ....   **4.** 2 Tafeln ....

7 **Backe, backe Kuchen. Ein altes deutsches Kinderlied**

38

a) **Hören Sie das Lied und markieren Sie kurze (•) und lange (_) Vokale wie im Beispiel.**

Backe, backe Kuchen

Text und Melodie: Volkslied

Ba - cke, ba - cke Ku - chen, der Bä - cker hat ge - ru - fen! Wer will gu - ten

Ku - chen ba - cken, der muss hab - en sie - ben Sa - chen: Ei - er und Schmalz,
But - ter und Salz,
Milch und Mehl,

Sa - fran macht den Ku - chen gehl .

* Das ist Fett vom Schwein.
** Das ist ein Gewürz, das die
   Speisen gelb färbt.
*** gehl = altes Wort für gelb

b) **Hören Sie das Lied noch einmal und singen Sie mit.**

8 **Die Z3 von Konrad Zuse. Passiv im Präteritum**

a) **Wiederholen Sie die Partizip II-Formen. Ergänzen Sie die Tabelle.**

Konrad Zuse
mit seiner Erfindung, der Rechenmaschine Z3.

Die Z3 im Technikmuseum, Berlin

Grammatik	Infinitiv	Partizip II	Infinitiv	Partizip II
	entwickeln	....	herstellen	....
	zeigen	....	bauen	....
	schreiben	....	nennen	....
	vorstellen	*vorgestellt*	erfinden	....

b) **Ordnen Sie die Wörter und ergänzen Sie die Sätze im Passiv.**

1. in – der Erfinder – von – vorstellen – Konrad Zuse – 12.5.1941 – Berlin – am

   Die Z3 *wurde am 12.5.1941 von dem Erfinder Konrad Zuse in Berlin vorgestellt* ....

2. in – bauen – Werkstatt – kleine – eine

   Diese große Maschine zum Rechnen ....

3. nennen – Computer – noch nicht

   Die ersten Rechenmaschinen ....

4. herstellen – 1960 – die Firma Zuse – von

   Das Original ....

5. die Z3 – Montreal – die Weltausstellung – zeigen – auf – in

   Im Jahr 1967 ....

6. Konrad Zuse – entwickeln – von – auch

   Eine der ersten Programmiersprachen ....

7. bis – 1936 – von – von – Konrad Zuse – aufschreiben – 1995

   Alle seine Erfindungen, Patente und Vorlesungen ....

   ....

9 **Passiv mit** *werden* **oder** *wurden*? **Ergänzen Sie die Verben im Passiv. Achten Sie auf die Konjugation und die richtige Zeit.**

> testen – machen – bringen – überraschen – fragen – ~~herstellen~~ – zeigen

1. Schokolade ___wird___ aus Kakaobohnen, Milch und Zucker ___hergestellt___ .

2. _____ ihr gestern auch vom Regen _____?

3. Wir _____ am nächsten Freitag in Englisch _____ .

4. _____ du heute auch so oft _____, ob du meine Schwester bist?

5. Es _____ heute viele Versuche _____, Texte mit Computern zu übersetzen.

6. Jedes Jahr _____ auf internationalen Erfindermessen viele Neuheiten _____ .

7. Ich _____ als Kind oft von meinen Eltern zu meiner Oma _____ .

10 **Gute Idee?**

a) **Wiederholen Sie Relativsätze.**

1. Ich wünsche mir ein Auto. Es kann sehen. *Ich wünsche mir ein Auto, das sehen kann.*

2. Ich möchte ein neues Computerprogramm. Es kann Texte laut vorlesen.

3. Ich träume von einer elektrischen Zahnbürste. Sie macht beim Zähneputzen Musik.

4. Ich möchte eine Brille. Ich kann mit ihr die Gedanken anderer Menschen lesen.

5. Ich wünsche mir Lebensmittelverpackungen. Man kann sie auch essen.

6. Ich möchte ein intelligentes Haus. In dem Haus ist die Temperatur immer 22° Celsius.

7. Ich denke an ein System. Es beschreibt beim Autofahren den Weg.

8. Ich wünsche mir Filme. In den Filmen sieht, hört und riecht man die Handlung.

b) **Noch ein Traum oder schon Wirklichkeit? Was meinen Sie? Kreuzen Sie an.**

	1.	2.	3.	4.	5.	6.	7.	8.
Das gibt es schon!	☐	☐	☐	☐	☐	☐	☐	☐

1 **Wofür geben die Deutschen Ihr Geld aus?** Beschreiben Sie die Statistik.

> Am meisten geben
> die Deutschen für Miete,
> Wasser, Strom und Gas aus.
> Für Verkehr geben sie ...

Landeskunde

Viele Sachen kann man auch gebraucht kaufen, z. B. in Second-Hand-Läden oder auf Flohmärkten. Im Internet gibt es viele Webseiten, wie z. B. www.ebay.de, www.markt.de oder www.quoka.de, auf denen so gut wie alles zu günstigen Preisen angeboten wird.

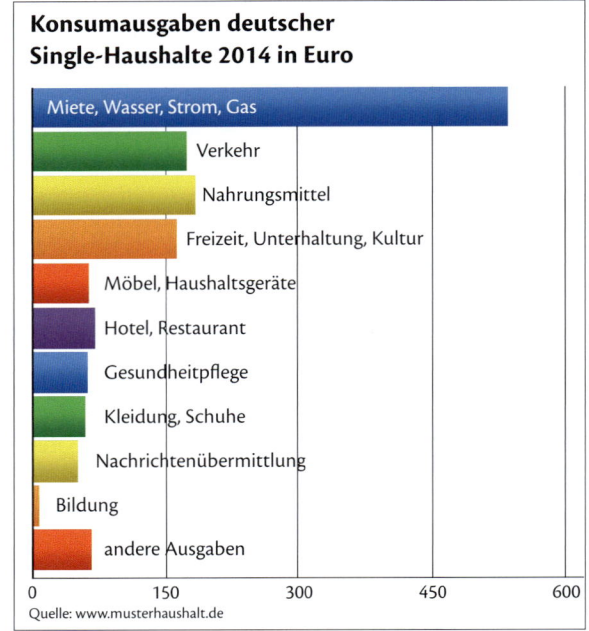

Konsumausgaben deutscher Single-Haushalte 2014 in Euro

- Miete, Wasser, Strom, Gas
- Verkehr
- Nahrungsmittel
- Freizeit, Unterhaltung, Kultur
- Möbel, Haushaltsgeräte
- Hotel, Restaurant
- Gesundheitpflege
- Kleidung, Schuhe
- Nachrichtenübermittlung
- Bildung
- andere Ausgaben

0   150   300   450   600

Quelle: www.musterhaushalt.de

2 **Meine Stadt-meine Bibliothek.** Lesen Sie den Text und beantworten Sie die Fragen.

Besuchen Sie doch einmal die Bibliothek in Ihrer Stadt. Die Bibliotheken heißen oft „Stadtbibliothek" oder „Stadtbücherei". Dort können Sie Bücher, DVDs, CDs und eBooks ausleihen; Zeitungen und Zeitschriften lesen oder nach einem Spiel für Ihre Kinder suchen. Das Angebot gibt es oft auch in vielen Fremdsprachen. In der Bibliothek finden Sie auch digitale Angebote wie Sprachlernprogramme, digitale Zeitungen und Zeitschriften oder Musik-Streaming-Dienste. Und es gibt kostenlose Internet-Plätze mit Office-PCs. Das Ausleihen ist auch kostenlos, Sie müssen aber eine Jahresgebühr bezahlen. Für die Anmeldung brauchen Sie Ihren Pass.

1. Was braucht man für die Anmeldung?
2. Was können Sie ausleihen?
3. In der Bibliothek kann man lesen, aber auch ...
4. Was gibt es für Kinder?

Fragen Sie in Ihrer Bibliothek nach folgenden Informationen:
– Haben Sie ein Anmeldeformular?
– Wie hoch ist die Jahresgebühr?
– Gibt es Ermäßigungen?
– Wie sind die Öffnungszeiten?
– Wie lange können Sie die Bücher etc. ausleihen?

3 **Der ARD, ZDF, Deutschlandradio-Beitragsservice.** Ihre Freundin hat Maria eine E-Mail geschrieben. Lesen Sie den Text und die Information und ergänzen Sie die Antwort.

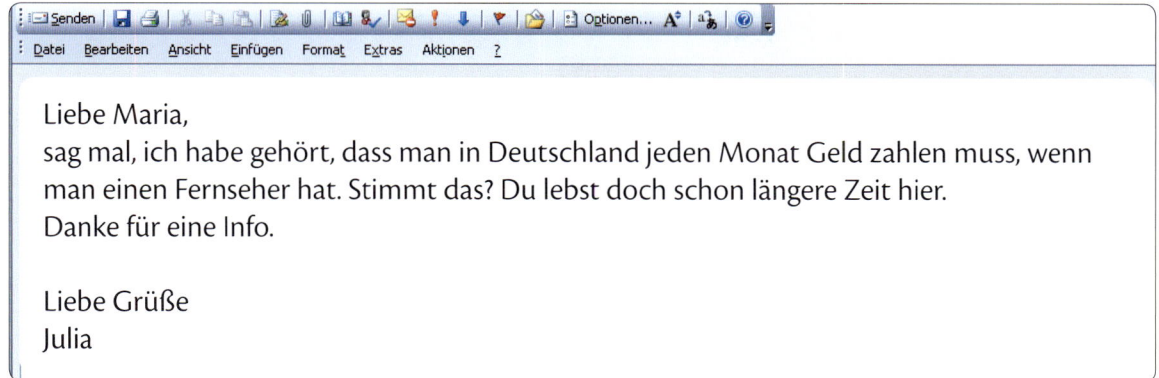

Liebe Maria,
sag mal, ich habe gehört, dass man in Deutschland jeden Monat Geld zahlen muss, wenn man einen Fernseher hat. Stimmt das? Du lebst doch schon längere Zeit hier.
Danke für eine Info.

Liebe Grüße
Julia

Wenn Sie ein Radio oder einen Fernseher haben, müssen Sie Rundfunkgebühren an die öffentlich-rechtlichen Rundfunkanstalten bezahlen. Der Rundfunkbeitrag finanziert alle Programme von ARD, ZDF und Deutschlandradio. Man muss für jede Wohnung einen Beitrag bezahlen. Es spielt keine Rolle, wie viele Radios oder Fernseher es in einer Wohnung gibt. Die monatliche Gebührt beträgt 17,50 Euro (Stand 2015). Wohnen mehrere Personen zusammen, meldet eine Person sich an und zahlt den Rundfunkbeitrag für die gemeinsame Wohnung. Unter www.rundfunkbeitrag.de können Sie sich anmelden. Den Rundfunkbeitrag zahlt man alle drei Monate.
Wenn Sie Kabelfernsehen haben, kostet das monatlich auch noch eine Gebühr. Diese zahlen Sie zusammen mit Ihrer Miete oder direkt an den Kabelfernsehanbieter.

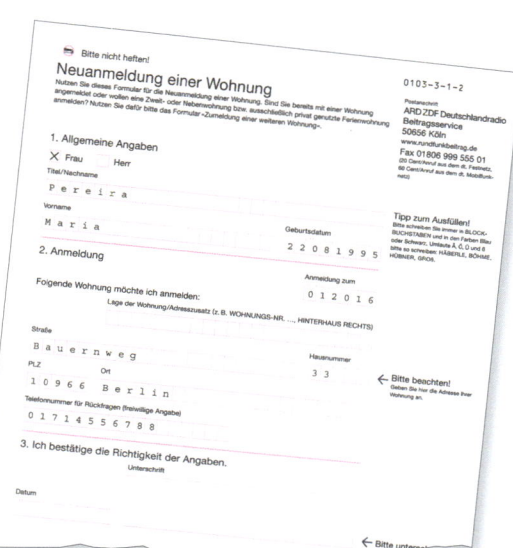

Hallo Julia,

ja, das stimmt. Jeder, der eine Wohnung hat, muss den .... bezahlen.

Auch wer keinen .... hat, muss zahlen! Die monatliche .... beträgt 17,50 €. Das ist ganz schön teuer, oder?

Das Geld geht an die ....

Schau doch mal im .... unter www.rundfunkbeitrag.de nach.

Hast du auch ....? Dann musst du jeden Monat noch etwas extra bezahlen.

Frag doch bei dir im Haus, ob das zusammen mit der Miete bezahlt wird.

Liebe Grüße
Maria

Hörtexte

Hier finden Sie alle Hörtexte, die nicht oder nicht komplett in den Einheiten abgedruckt sind.

Willkommen in A2

3

Text 1: Ich arbeite in einem Büro. In meinem Beruf muss ich oft telefonieren, viele E-Mails schreiben und Termine machen. Ich mag meinen Beruf. Ich muss viel organisieren und das kann ich richtig gut.

Text 2: Ich arbeite in einer Küche. In meinem Beruf muss ich Menüs planen, Lebensmittel bestellen und natürlich kochen. Mein Beruf ist super! Ich liebe Lebensmittel und arbeite auch gerne mit Menschen zusammen.

Text 3: Ich arbeite in einem Fitness-Studio. Ich kontrolliere jeden Tag die Sportgeräte, berate unsere Kunden und leite viele Sportkurse. Ich finde meinen Beruf gut, weil ich selbst auch viel Sport treibe und gerne schwimme.

1 Leben und Lernen in Europa

2 b) und c)

+ Ich warte schon seit einer Stunde. Warum kommst du so spät?
– Weil ich den Bus verpasst habe.
+ Warum hast du den Bus verpasst?
– Weil der Deutschkurs so lange gedauert hat.
+ Warum hat der Deutschkurs so lange gedauert?
– Das ist doch jetzt egal.
+ Und warum hast du nicht angerufen?
– Weil ich deine Telefonnummer nicht hatte.
+ Warum hattest du meine Telefonnummer nicht? Weil ich mein Handy verloren habe. Und jetzt frag´ bitte nicht, warum!

4 a) und b)

– Also, Esperanza, warum lebst du hier? Du hast doch in Spanien studiert, oder?
+ Ja, ich habe in Spanien Tourismus studiert. An der Uni habe ich auch Deutsch gelernt, weil viele Touristen aus Deutschland, Österreich oder der Schweiz bei uns Urlaub machen. Nach dem Studium habe ich dann ein Praktikum im *Mirasol* gemacht. Das ist ein großes Hotel bei Cádiz. Die Arbeit hat mir sehr gut gefallen und ich hatte Glück: Das Hotel hat eine neue Rezeptionistin gesucht und ich habe die Stelle nach dem Praktikum bekommen. Alles war gut, bis zur Krise. Der Konzern hat das Hotel verkauft und ich habe nach nur einem Jahr meine Arbeit verloren. Das war ein großes Problem. Ich hatte nicht mehr genug Geld für die Miete. Aber zurück in mein Elternhaus? Nein, das war keine Alternative für mich.
– Und was hast du dann gemacht?
+ Naja, im Fernsehen habe ich oft Berichte über Spanier in Deutschland gesehen. Sie haben hier Arbeit gefunden und es geht ihnen gut. Ich habe gedacht, in Deutschland gibt es auch Tourismus und ich kann die Sprache schon. Ich bin dann nach Berlin gekommen und habe hier Arbeit gesucht. Leider habe ich lange nichts gefunden. Im Moment habe ich wenigstens diesen Job als Kellnerin, aber ich fliege bald wieder nach Hause. Ich möchte in meinem Beruf arbeiten und im Sommer kommen wieder viele Touristen nach Spanien. Ich will es noch einmal versuchen. Vielleicht habe ich Glück.
– Das kann ich gut verstehen. Ich möchte auch gerne wieder nach Hause. Der Job hier gefällt mir nicht, die Winter sind so kalt und ich vermisse meine Familie.

5 b)

groß – klein	langweilig – interessant
kurz – lang	schwer – leicht
neu – alt	langsam – schnell
krank – gesund	viel – wenig
billig – teuer	schlecht – gut

10 b)

+ Hallo. Sind Sie neu hier?
– Ja, ich habe vor einer Woche angefangen. Mein Name ist Elena Krawietz.
+ Ich heiße Michael Sommer. Willkommen in der Firma.
– Vielen Dank! In welcher Abteilung arbeiten Sie?
+ Marketing. Ich organisiere den Verkauf in Asien.
– Marketing? Das ist auch meine Abteilung. Ich habe Sie aber noch nie hier gesehen?
+ Ich bin auch erst gestern Abend aus Hong Kong zurück gekommen.
– Das ist ja interessant. Ich muss auch bald viel reisen.
+ Wohin denn?
– Nach Osteuropa. Das ist aber nicht so weit. Sprechen Sie viele Sprachen?
+ Ich spreche Englisch und lerne noch Chinesisch. Und Sie?
– Neben Deutsch spreche ich noch Polnisch, das ist meine Muttersprache, Englisch und Russisch.

1 Leben in Deutschland

2

Vgl. Lösungen, Seite 3

4 a)

+ Guten Tag, liebe Hörerinnen und Hörer. Es kommen immer mehr Menschen aus der ganzen Welt zu uns nach Deutschland. Die meisten sprechen aber kein Deutsch oder nur sehr wenig Deutsch. Sie lernen dann hier in Integrationskursen Deutsch. Wir haben mit einer Deutschlernerin aus der Türkei gesprochen. Guten Tag, Frau Yilmaz. Sie kommen aus der Türkei, richtig?
– Ja, ich bin vor 18 Monaten nach Deutschland gekommen. Ich lebe hier mit meinem Mann.
+ Sie sprechen schon sehr gut Deutsch.
– Vielen Dank. Ich lerne seit sechs Monaten in einem Intensivkurs Deutsch an einer Sprachenschule.
+ Was heißt Intensivkurs?
– Wir haben jeden Vormittag vier Stunden Unterricht. Und dann gibt es Hausaufgaben. Die mache ich am Nachmittag.
+ Das hört sich ziemlich anstrengend an?
– Ja, das stimmt. Nach dem Unterricht bin ich ziemlich müde.

+ Macht der Unterricht Spaß?
- Sehr. Unsere Lehrerinnen sind sehr nett. Und es ist schön, mit den anderen Kursteilnehmern zu lernen. Wir machen oft Partner- und Gruppenarbeit. Wir lachen auch viel.
+ Gibt es etwas, was Sie nicht so gern machen?
- Manchmal finde ich die Grammatik ziemlich schwer. Und Texte schreiben ist auch nicht einfach.
+ Kommen die meisten anderen Kursteilnehmer auch aus der Türkei?
- Nein, in meinem Kurs gab es 16 Teilnehmer aus neun Ländern. Das war sehr interessant für mich.
+ Und wie lange wollen Sie noch Deutsch lernen?
- Ich verstehe schon ziemlich viel, aber ich muss noch viel lernen. Ich will den Deutschtest für Zuwanderer in sechs Monaten bestehen. Na ja, und dann möchte ich eine Arbeit finden. Und vielleicht lerne ich dann abends weiter Deutsch – bis zu B2.
+ Na dann: Viel Erfolg!

2 Familiengeschichten

2

Hallo und willkommen! Hier ist wieder euer Hannes aus Berlin. Wie war euer Wochenende? Ich habe mit meiner Familie den 80. Geburtstag von meinem Opa gefeiert. Er ist der Vater von meinem Vater und lebt bei meinen Eltern. Es gab Kaffee und Kuchen – echt lecker! Natürlich habe ich auch viele Fotos gemacht.
Ein Foto von der Familie finde ich sehr schön. Ich beschreibe es euch mal: Also, ganz hinten links, stehe ich und rechts neben mir, das ist meine Schwester Susanne. Sie hat ihre Tochter Sophie auf dem Arm. Die Kleine ist erst drei Monate alt und richtig süß. Susanne ist Sekretärin in einem Kaufhaus in Hannover und ist bis August in Elternzeit. Rechts neben ihr, also neben Susanne, steht ihr Mann Rolf. Ich finde ihn sehr nett. Er ist so alt wie sie, auch 31, und ist Mechatroniker von Beruf. Er hat eine Werkstatt in der Nähe von Hannover. Und die junge Frau hinten neben Rolf ist meine Schwester Stefanie. Sie ist nur zwei Jahre älter als ich, also 26, und hat nach der Schule eine Ausbildung zur Floristin gemacht. Aber das war nicht das Richtige. Heute ist sie Krankenschwester in der Uniklinik in Münster. Vor Susanne und Rolf stehen meine Eltern. Rechts meine Mutter und mein Vater links neben ihr. Meine Mutter heißt Monika und ist Hausfrau. Sie passt sehr gerne auf Klein-Sophie auf. Das ist gut, Susanne möchte bald wieder arbeiten. Mein Vater heißt Rainer, er ist Architekt und 59 Jahre alt. Ein paar Jahre muss er noch arbeiten. Vor elf Jahren hatte er einen Unfall. Jetzt darf er keine Baustellen mehr besuchen und arbeitet nur noch am Computer. So kann er oft zu Hause arbeiten und das gefällt ihm ganz gut. Am liebsten arbeitet mein Vater aber im Garten. Sein größtes Hobby sind seine Rosen. Der Mann neben meinem Vater, also der Mann genau vor mir, das ist sein Onkel Heinrich. Das ist Opas Bruder. Er ist 74, Rentner und noch ganz schön fit. Links neben ihm steht seine Frau Elke. Sie ist die Tante von meinem Vater. Und ganz vorne auf dem Stuhl, da sitzt Anton, mein Opa. Ja, das sind schon alle. Mein Vater hat keine Geschwister und seine Mutter, also meine Oma Elisabeth, lebt schon lange nicht mehr.
Zum Geburtstag haben wir meinem Opa eine Reise an die Nordsee geschenkt. Er hat noch nie in seinem Leben Urlaub gemacht! Meine Eltern fahren mit. Alleine kann er das nicht mehr. … Oh, das sind meine Freunde. Wir wollen noch ins Kino. Ich muss los. Bis zum nächsten Mal. Tschüss.

3 Unterwegs

4

+ Evi, kannst du mir helfen? Ich muss im Februar zu einer Konferenz nach Rom. Deine Mutter meint, dass ich das Ticket am besten online buchen soll.
- Ach Opa, möchtest du wirklich keinen Computerkurs machen? Also gut. Ich helfe dir. Moment.
+ Was machst du denn da?
- Ich starte eine Seite mit billigen Flugangeboten. Alles klar, kann losgehen. Wann musst du denn da sein?
+ Das geht aber schnell. Ach so, ja, am 23. Februar.
- Ab wann soll der Rückflug sein?
+ Auch im Februar. Am 26.
- Ok. Ein Erwachsener, richtig?
+ Ja, ich fliege alleine.
- Also, mal sehen. Hier gibt es einen Flug ab Hamburg um 7:30 Uhr. Was meinst du?
+ Das finde ich zu früh. Ich muss erst abends da sein. Gibt es noch eine spätere Verbindung?
- Ja. Wie wär´s mit 14:30 Uhr? Dann kommst du um 15:55 Uhr in Rom an.
+ Das passt mir gut. Und der Rückflug?
- Also, da gibt es einen am Vormittag um Viertel nach neun und einen am Nachmittag. Sieh mal.
+ Ah ja – der am Nachmittag geht um 16:45 Uhr. Den nehme ich. Dann kann ich noch das Kolosseum besichtigen.
- Also gut. Brauchst du noch ein Hotelzimmer?
+ Nein. Das habe ich schon.
- Also kein Hotelzimmer. Und einen Mietwagen?
+ Einen Mietwagen?
- Ja, möchtest du ein Auto mieten?
+ Ich bin doch nicht verrückt und fahre in Rom mit dem Auto. Ich kenne die Stadt doch gar nicht. Ich nehme lieber ein Taxi.
- Ja, das ist besser. Also gut. Auch „Nein". Willst du den Flug dann so buchen?
+ Ja. Meine Kreditkarte habe ich schon mitgebracht. Die brauchen wir jetzt doch sicher, oder?
- Ja genau. Ich kann dir dein Ticket auch gleich ausdrucken. Soll ich das machen?
+ Das geht auch? Ist ja toll!

9

Also, mal sehen. Eine kurze Hose, zwei Jeans und zwei blaue und ein weißes T-Shirt, der grüne Pullover, drei Paar Socken, die weißen Turnschuhe, ein Schlafanzug, Zahncreme, meine Zahnbürste und noch die Sonnenbrille. Wo ist denn jetzt schon wieder mein blaues Hemd? Ach, das lege ich am besten oben auf die Sachen. So. Die Jacke kommt nicht in den Koffer. Die ziehe ich gleich an. Ja, dann habe ich jetzt alles.

3 Leben in Deutschland

3

Vgl. Lösungen, Seite 5

4 Freizeit und Hobbys

2 b) und c)

…
- Hallo Lisa, was gibt's?

...
– Gerne. Wann denn?
...
– Nein, das geht nicht. Mittwochs habe ich um sieben immer Volleyballtraining.
...
– Mal sehen, nein, das ist leider auch nicht so gut. Am Freitagabend bin ich schon um halb acht mit ein paar Leuten aus meinem Fotoclub verabredet.
...
– Moment... Ja, das geht. Also am fünfzehnten um sechs. Das passt mir gut.
...
– Am achten? Mal sehen. Ja, das geht auch. Wo treffen wir uns denn?
...
– Prima. Dann können wir noch zusammen einen Kaffee trinken. Ich lade dich ein.
...
– Tschüss.

9 b)

1. + Na, Mona, ich habe gehört, du hast ein neues Hobby. Wie ist das denn passiert?
   – Ganz einfach. Ich habe verschiedene Anzeigen von Vereinen gelesen. Du weißt ja, dass ich gerne in der Natur bin. Zuerst habe ich gedacht, dass ich mich bei den Naturfreunden melde. Die treffen sich aber immer sonntags schon um halb sechs! Da schlafe ich lieber aus. Und dann habe ich die Anzeige vom Kleingartenverein gesehen. Das hat mich eigentlich schon immer interessiert. Die Leute sind wirklich nett und ich habe jetzt einen schönen kleinen Garten mit ein paar Apfelbäumen und viel Platz für Gemüse.
2. + Hallo Frank. Was machst du denn hier?
   – Ich möchte mir ein Paar gute Wanderschuhe kaufen. Seit zwei Wochen mache ich bei den Naturfreunden mit. Das ist total interessant. Wir treffen uns am Sonntagmorgen und machen Wanderungen. Ich habe sogar schon ein paar seltene Tiere gesehen. Toll, oder?
   + Du wolltest doch einen Tanzkurs machen, oder?
   – Ja, aber das war mir zu teuer. Vielleicht später mal.
3. + Guten Abend, Fatih, gehen Sie noch aus?
   – Guten Abend. Ja, ich gehe heute zu einem Kochtreff. Das mit dem Kleingarten war doch nichts für mich. So ein Garten macht sehr viel Arbeit, wissen Sie?
   + Ja, das habe ich auch schon gedacht. Und jetzt wollen Sie kochen lernen?
   – Was heißt lernen? Nein, ich kann schon sehr gut kochen! Ich möchte neue Rezepte ausprobieren.
   + Das hört sich gut an.
4. + Hallo Li, Sie sehen aber gut aus! Gehen Sie aus?
   – Guten Abend, Herr Moser. Ich gehe heute zum Tanzen.
   + Ich habe gar nicht gewusst, dass Sie gerne tanzen.
   – Naja, ich wollte einfach mal etwas Neues ausprobieren und es macht mir sehr viel Spaß! Ich habe auch schon ein paar sehr nette Leute kennengelernt. Ich muss jetzt aber los.
   + Na dann, viel Spaß!

11 b)

1. + Aua, ich habe mich geschnitten!
   – Tut es sehr weh? Zeigen Sie mal.

2. + Iii, in der Küche ist eine Maus!
   – Oh nein, ich mag auch keine Mäuse.
3. + Juhu, ich habe gewonnen!
   – Toll! Herzlichen Glückwunsch!
4. + Mist, ich kann mein Handy nicht finden.
   – Schon wieder? Komm, wir suchen es zusammen.
5. + Oh, sind die schönen Blumen für mich?
   – Ja. Freust du dich?

5 Medien im Alltag

4 a) und b)

1. + Äh, entschuldige. Ich bin von Sozio Medium. Hast du ein Smartphone?
   – Hi, natürlich habe ich ein Smartphone! Mein Schulweg dauert fast eine Stunde. In der Bahn höre ich meistens Musik, lerne mit meiner Vokabel-App neue Wörter oder chatte mit meinen Freunden. Leider ist die Internetverbindung in der Bahn nicht besonders schnell. Manchmal funktioniert es auch gar nicht. Dann mache ich Hausaufgaben oder lese ein Buch. Meine Freunde spielen oft Videospiele, das finde ich aber langweilig.
2. + Äh, hallo? Guten Tag, Sagen Sie, ich sehe, Sie haben ein Smartphone? Nutzen Sie es jeden Tag?
   – Äh ja. Also, ich fahre jeden Morgen mit dem Auto zur Arbeit nach Hamburg. Früher habe ich immer lange im Stau gestanden. Heute nutze ich das Navigationssystem von meinem Smartphone. Das zeigt mir, wo es gerade besonders viel Verkehr gibt. Na ja, ich stehe dann auch oft im Stau, aber jetzt weiß ich, wie lange es noch dauert. Und mit dem Smartphone kann ich im Stau chatten, telefonieren, spielen oder mal schnell die Nachrichten lesen. Und das Navigationssystem von meinem Smartphone zeigt mir auch den Weg zu unseren Kunden – jetzt bin ich fast immer pünktlich.
3. + Guten Tag, ich bin von Sozio Medium. Haben Sie ein Smartphone?
   – Hi, klar, was denken Sie denn? Also, ich arbeite bei einer internationalen Medienfirma in Bremen und reise beruflich sehr viel. Ohne Smartphone und Notebook geht da gar nichts! Heute fliege ich zu einem wichtigen Termin nach München. In den Wartezeiten und im Flugzeug kann ich das Treffen vorbereiten, die Präsentation noch einmal ansehen und auch noch ein paar geschäftliche Mails lesen und Antworten schreiben. Leider ist die Internetverbindung unterwegs nicht immer gut. Die Mails schicke ich dann erst später aus dem Büro ab. Das passiert aber nicht oft.
4. + Guten Tag, eine Frage bitte. Haben Sie ein Smartphone?
   – Ob ich ein Smartphone habe? Sie meinen so ein Internet-Handy? Nein, aber mein Sohn hat mir zum Geburtstag einen Tablet-Computer geschenkt. Dieses Jahr fahre ich mit der Bahn in den Urlaub an die Ostsee. Mein Sohn meint, dass ich mit dem Tablet Musik hören, Bücher lesen und auch im Internet surfen oder meinen Enkelkindern E-Mails schreiben kann. Ich weiß aber noch nicht, wie das geht. Mein altes Handy nutze ich nur zum Telefonieren – das geht sehr gut. Beim Tablet ist alles neu für mich. Aber ich finde es auch interessant. Nur mit Videospielen fange ich ganz bestimmt nicht mehr an!

6 Ausgehen, Leute treffen

1 c)

1. *Mona*: Ich möchte am Samstag mal so richtig lange mit dir in der Stadt bummeln gehen.
   Frank: Na gut, aber ich möchte am Wochenende nicht nur einkaufen! Das Wetter ist viel zu schön! Vielleicht gibt es am Samstag oder Sonntagvormittag ein interessantes Kulturprogramm, das nicht so teuer ist?
2: *Li*: Ich habe für Samstagabend eine Feier für alle Kollegen aus der Firma in einem Restaurant hier in der Nähe organisiert und einen Tisch für 16 Personen reserviert. Unser Chef kommt natürlich auch. Zuerst essen wir schön und dann gibt's Musik zum Tanzen.
3. + Hallo Sven, hier ist Ute. Wie sieht's aus? Ist dein Wochenende schon voll?
   – Nein, nicht wirklich. Bis jetzt weiß ich nur, dass ich am Samstagnachmittag mit meinen Freunden vom Stammtisch Karten spiele. Es gibt eine neue Kneipe hier in der Nähe, die wir uns mal ansehen wollen.
   + Prima. Du interessierst dich doch auch für Literatur, oder?
   – Ja, warum?
   + Am Freitagabend ist der Autor von *Nachts in Berlin* in der Stadt. Er liest aus seinem letzten Krimi vor.
   – Klingt gut. Und wo findet das statt?
   + Das habe ich vergessen. Ich sehe gleich noch mal im Internet nach. Hast du Lust mitzukommen?
   – Ja gerne. Rufst du mich dann wieder an?
   + Ja klar, mach ich.

2 a)

1. Man sitzt mit vielen Leuten zusammen und hört zu. Es ist ganz ruhig. Jemand liest etwas vor.
2. Es ist ein Sport. Zwei Spieler stehen an einem Tisch. Über dem Tisch hängt eine Lampe und auf dem Tisch liegen bunte Bälle.
3. Es ist dunkel. Viele Menschen sehen nach vorne. Manche essen oder trinken etwas.
4. Große und kleine Fische schwimmen hinter Glas. Man sieht auch interessante Wasserpflanzen.
5. Viele liegen einfach so im Badeanzug oder in der Badehose auf einem Handtuch im Gras. Andere haben viel Spaß im Wasser.
6. Hier steht auf den meisten Tischen eine Blume. Die Gäste essen oder trinken etwas. Oft hört man leise Musik.
7. „Sein oder nicht sein!" Man hört hier oft berühmte Sätze und sieht Menschen zu, die eine Geschichte spielen.
8. In einer Kneipe trifft sich regelmäßig eine Gruppe von Freunden. Sie trinken etwas, unterhalten sich oder spielen Karten. Sie sitzen meistens an dem gleichen Tisch.
9. An diesem Ort treffen sich viele Menschen, die sich für Sport interessieren. Sie sehen zu, was auf dem Platz passiert. Manchmal singen sie laut im Chor oder pfeifen.
10. Musikfreunde können sich nichts Schöneres vorstellen. Man sucht sich im Programm etwas aus, kauft sich eine Eintrittskarte, setzt sich und hört einfach nur zu.

7 Vom Land in die Stadt

2 b) und **3** b)

+ Stadt oder Land? Frau Langhans, Sie rufen aus Bonn an. Leben Sie in der Stadt?

– Ja, das ist richtig. Ich bin jetzt 72 und lebe seit 12 Jahren in einer kleinen Wohnung in Bonn.
+ Heißt das, dass Sie eigentlich vom Land sind?
– Nein, nicht wirklich. Ich komme aus Düsseldorf und bin 1962 mit meiner Familie in ein Dorf zwischen Köln und Bonn gezogen. Da haben wir uns ein Haus mit einem großen Garten gekauft. Das war nicht so teuer wie in der Stadt. Das ruhige Leben und der Wald direkt vor unserer Haustür haben uns und auch den Kindern immer sehr gefallen.
+ Darf ich Sie fragen, warum Sie heute in einer Stadt wie Bonn leben?
– Naja, ich bin jetzt alleine und sehe nicht mehr so gut. Deshalb darf ich seit fast fünf Jahren nicht mehr Auto fahren. Der Einkauf oder Arztbesuche waren ohne Auto auf dem Dorf ein großes Problem. Die Busverbindungen waren wirklich nicht gut.
+ Man sagt ja immer, dass auf dem Land jeder jeden kennt. Fehlt Ihnen das nicht in der Stadt?
– Wissen Sie, ich bin da zu Hause, wo meine Familie ist. Mein Sohn lebt auch hier in Bonn. An den Wochenenden kommen meine Enkelkinder zu mir und wir gehen zusammen spazieren oder ein Eis essen. Und ich bin in einem Chor. Da habe ich sehr nette Menschen kennengelernt.
+ Das Leben in der Stadt gefällt Ihnen also besser?
– Das kann man so nicht sagen. Ich meine, dass das Leben mit kleinen Kindern auf dem Land besser ist. Da gibt es viel mehr Platz zum Spielen und nicht so viel Verkehr. Ich kann die jungen Familien, die heute vom Land in die Stadt ziehen aber auch gut verstehen. In den Dörfern gibt es nicht so viel Arbeit und auch immer weniger Schulen und Einkaufsmöglichkeiten. Das ist nicht mehr so wie früher.
+ Frau Langhans, ich bedanke mich für das Gespräch.

8 b)

Vgl. Lösungen, Seite 10

10 b)

+ Ja, hallo?
– Hallo Bernd. Na, wie war dein Tag?
+ Hmm, nicht so gut. Ich habe mir die Hand gebrochen und liege gerade auf dem Sofa …
– Was? Was ist denn passiert?
+ Das ist eine lange Geschichte.
– Erzähl doch mal.
+ Also. Ich war gestern bei meinen Eltern. Meine Mutter hat im Garten gearbeitet. Dabei hat sie sich in den Finger geschnitten.
– Deine Mutter? Und was hat das mit deiner Hand zu tun?
+ Jetzt warte doch mal. Meine Mutter hat sich also in den Finger geschnitten. Ich wollte ihr schnell ein Pflaster aus der Küche holen und habe nicht gesehen, dass die Tür vom Küchenschrank offen war. Da habe ich mich am Kopf gestoßen. Das hat total weh getan. Ich musste mich hinlegen, weil ich mich nicht gut gefühlt habe. Nach drei Stunden hatte ich immer noch starke Kopfschmerzen.
– Das hört sich nicht gut an.
+ Das hat meine Mutter auch gesagt und ist mit mir zum Arzt gefahren.
– Das war richtig!
+ Naja, ich wollte eigentlich nicht, aber du kennst ja meine Mutter! Die Ärztin hat sich meinen Kopf angesehen und

gesagt, dass es nicht so schlimm ist. Sie hat mir Eis zum Kühlen und eine Tablette gegen die Kopfschmerzen gegeben. Dann konnten wir wieder nach Hause fahren.
– Ja, aber … wann hast du dir dann die Hand gebrochen?
+ Na ja, meine Mutter hat sich doch geschnitten und im Flur war noch etwas Blut. Da bin ich hingefallen und habe mir die Hand gebrochen. Tja, ein Unglück kommt selten allein.
– Ja, wirklich, das war kein guter Tag!

8 Kultur erleben

2 c)

+ Max, Sie sind Kulturjournalist und berichten für eine große Zeitung regelmäßig über kulturelle Veranstaltungen in ganz Deutschland. Besuchen Sie die auch alle?
– Ja, natürlich. Das ist ja das Schöne an meinem Beruf! Ich bin viel unterwegs. Meistens gehe ich zu Veranstaltungen hier in der Region, wie zum Beispiel die Leipziger Buchmesse im März. Da treffe ich Autoren und sehe mir das Verlagsangebot an. Und einmal im Monat sehe ich mir auch eine Veranstaltung an, die weiter entfernt ist. Ich suche dann oft etwas Besonderes, also nicht immer nur Theater und Oper und so.
+ Gehen Sie denn nicht gerne ins Theater?
– Doch, sicher. Im Juni war ich zum Beispiel auf dem Theaterfestival in Köln. Das kann ich jedem sehr empfehlen. Da treten Theatergruppen aus ganz Europa auf. In diesem Jahr gab es sehr moderne Stücke, Tanztheater und sogar Theater zum Mitmachen.
+ Sie besuchen aber natürlich nicht nur Theaterfestivals. Ich habe zum Beispiel in der Zeitung gelesen, dass der Nationalzirkus aus China im Oktober in Hamburg war. Ich glaube, der Artikel war auch von Ihnen.
– Das ist möglich. Der Nationalzirkus aus China war wirklich toll. Ich war vorher auch noch nie in einem Zirkus ohne Tiere und Clowns und kann mich noch gut an die Show erinnern.
+ Jetzt möchten unsere Zuhörer natürlich gerne von Ihnen wissen, was Ihnen in den letzten Monaten am besten gefallen hat.
– Da muss ich kurz nachdenken. Ich könnte Ihnen ohne Probleme gleich sagen, was mir nicht so gut gefallen hat.
+ Aha? Und was war das?
– Naja, ehrlich gesagt, war ich nicht so gerne auf dem Oktoberfest. Ich bin kein Biertrinker und so viele Menschen, die laute Musik, das mag ich nicht. Das ist einfach nicht meine Sache. Ich war auch nur zur Eröffnung am 19. September da und bin dann gleich wieder weg. Der Artikel war aber gut. Haben Sie ihn gelesen?
+ Nein, habe ich ehrlich gesagt nicht, aber ich finde das Oktoberfest toll und war im September auch in München. Nun aber zurück zu meiner Frage: Was hat Ihnen denn jetzt am besten gefallen?
– Ach so, ja. Ich glaube, das war wieder die Berlinale im Februar. Schauspieler aus der ganzen Welt waren in Berlin und es gab wieder sehr viele tolle Filme im Programm. Da schreibe ich dann natürlich gleich mehrere Artikel.
+ Ja, und das freut dann auch die Leserinnen und Leser. Max, vielen Dank für das Gespräch.
– Gerne.

9 a) und b)

Hallo, da bin ich wieder! Ich war letzte Woche mit dem Motorrad bei meinem Freund Bernd, der in Jena studiert. Ich wollte ihn schon lange mal besuchen und am Sonntag hatte er Geburtstag. Er hat mir von Weimar erzählt. Die Stadt liegt ganz in der Nähe. Da war ich noch nie und am Dienstag bin ich nach Weimar gefahren. Ich wollte mir nur mal kurz die Stadt ansehen und bin dann doch den ganzen Tag in Weimar geblieben, weil es so interessant war.
Der Besuch in Weimar hat sich echt gelohnt! Zuerst habe ich mir das Bauhausmuseum angesehen. Die Ausstellung war nicht besonders groß und ohne Ermäßigung hat der Eintritt vier Euro gekostet. Ganz schön teuer. Ich habe gelesen, dass die Stadt schon ein neues und wohl auch größeres Bauhausmuseum geplant hat.
Die Herzogin Anna Amalia Bibliothek wollte ich natürlich auch besuchen. Aber leider gab es keine Tickets mehr. Schade! Einmal in Weimar, musste ich mir natürlich Goethes Wohnhaus am Frauenplan ansehen. Und das war wirklich interessant! Das ganze Haus ist heute eine Ausstellung. In seinem Arbeitszimmer konnte ich mir seine Bibliothek ansehen. Toll! Was Goethe damals alles schon gemacht hat! In der Ausstellung habe ich gesehen, dass Goethe sich für die Naturwissenschaften interessiert hat und viele Pflanzen und Tiere und sogar die Farben untersucht hat. Danach hatte ich Hunger und bin nicht mehr in Goethes Gartenhaus gegangen. Ich habe lieber eine Thüringer Bratwurst gegessen.
Nach dem Mittagessen habe ich die Hochschule für Musik Franz Liszt besucht. Ihr wisst schon, Franz Liszt, der Komponist der berühmten ungarischen Rhapsodie. Ich bin einfach reingegangen und habe ein paar Studentinnen aus Korea getroffen. Sie haben mir erzählt, dass Liszt auch in Weimar gelebt hat. Sein Haus ist ganz in der Nähe. Das musste ich mir natürlich auch noch ansehen. Ich war sogar in seinem Wohnzimmer und in seinem Schlafzimmer! Und eins ist sicher: Seine Lebensgeschichte ist genauso interessant wie die von Goethe. Wusstet ihr, dass seine Tochter Cosima mit dem Komponisten Richard Wagner verheiratet war? Ich nicht!

8 Leben in Deutschland

1 a) und b)

Samir: Hallo Anna, hallo Olga. Ist bei euch noch frei?
Olga: Klar. Setz dich, Samir.
Anna: Wie war Dein Wochenende?
Samir: Sehr schön. Ich war am Sonntag mit meiner ganzen Familie im Park. Wir haben gegrillt, Fußball gespielt und viel gelacht. Ein schöner Tag. Und du, Anna? Was hast du gemacht?
Anna: Am Samstag war ich mit meinem Mann und Kindern auf dem interkulturellen Straßenfest in der Wilhelmstraße. Es gab Musik, es gab Tanz und es gab viel zu essen. Es war richtig gut. Auch meinen Kindern hat es sehr viel Spaß gemacht. Und du, Olga?
Olga: Ihr wisst ja, ich bin schon seit Jahren im Ausländerrat.
Anna: Stimmt. Was macht ihr da eigentlich?
Olga: Ganz viele, verschiedene Sachen. Wir beraten Flüchtlinge und Migranten und helfen bei Problemen mit den Ämtern. Wir arbeiten mit Jugendlichen zusammen. Wir organisieren zum Beispiel Deutschkurse und helfen ihnen bei den Hausaufgaben. Und wir haben ein Café, in dem wir uns jede Woche treffen können.

Samir: Kommen viele Migranten zu euch?

Olga: Auf jeden Fall. Es kommen Menschen aus der ganzen Welt. Zurzeit finden die „Interkulturellen Tage" statt.

Samir: Die interkulturellen Tage?

Olga: Ja. Es gibt sehr viele Veranstaltungen. Gestern gab es in der Volkshochschule einen Vortrag und eine Diskussionsrunde. Wir haben über die Themen Migration, Flucht und Rassismus gesprochen. Das war sehr interessant.

Anna: Sind viele Menschen gekommen?

Olga: Es waren ungefähr 100 Leute da. Aber wir reden nicht nur. Bei uns gibt es auch Tanz- und Musikkurse.

Samir: Vielleicht sollte ich mal kommen.

Olga: Ja, das wäre toll!

9 Arbeitswelten

3 c)

+ Ja, liebe Zuhörer, es ist fünf vor halb zehn. Zeit für „Nachgefragt: fünf Fragen zum Beruf". Heute spreche ich mit Frau Waller. Frau Waller, Sie sind Medizinische Fachangestellte. Wie lange arbeiten Sie schon in dem Beruf?

– Ja, das ist richtig. Ich mach das jetzt schon fast zehn Jahre und es macht mir immer noch viel Spaß.

+ Wie beginnt ein typischer Arbeitstag?

– Naja, das ist eigentlich immer anders. Wir sind ein Team mit drei Mitarbeiterinnen. Meistens bin ich morgens die erste in der Praxis. Ich komme schon kurz vor sieben. Dann schalte ich zuerst den Computer ein und bereite die ersten Termine vor.

+ Ja, da sind wir auch schon bei der nächsten Frage. Welche Aufgaben gehören zu Ihrem Beruf?

– Oh Gott, wo soll ich jetzt anfangen? Also, natürlich helfen wir den Ärzten in der Praxis bei ihrer Arbeit. Die meisten sagen auch heute noch Arzthelferin zu unserem Beruf. Ich habe ja schon gesagt, dass wir im Team arbeiten. Da können die Aufgaben auch mal wechseln. Bei uns in der Praxis hole ich normalerweise die Patienteninformationen bei der Kollegin an der Rezeption ab , bereite die Untersuchungen vor und reinige die medizinischen Geräte. Aber wir haben natürlich auch noch viele andere Aufgaben. Eine Kollegin arbeitet an der Rezeption. Sie sitzt am Computer, führt die Telefonate, vereinbart die Termine und begrüßt die Patienten, die zu uns in die Praxis kommen. Und die dritte Kollegin kümmert sich in erster Linie um die Abrechnungen mit den Krankenversicherungen und schreibt auch die Rechnungen für Privatpatienten.

+ Was gefällt Ihnen an dem Beruf am besten?

– Der Kontakt zu den Patienten. Manche kenne ich schon sehr lange. Wenn jemand krank war und dann wieder gesund ist, weil wir ihm oder ihr helfen konnten, freue ich mich immer.

+ Das kann ich mir vorstellen. Frau Waller, vielen Dank für das Gespräch.

10 b)

+ Rieger Baumaschinen, Boll am Apparat. Was kann ich für Sie tun?

– Guten Morgen. Mein Name ist Öttinger. Ich bin von der Firma Müller und habe heute Nachmittag einen Termin mit Herrn Meininger.

+ Das ist richtig. Ihr Termin ist um 15 Uhr.

– Ja, leider muss ich absagen, weil ich geschäftlich dringend nach Wien muss.

+ Kein Problem, Herr Öttinger. Möchten Sie einen neuen Termin machen?

– Gerne. Geht es nächsten Monat, zum Beispiel am zwölften April um die gleiche Zeit?

+ Moment, da muss ich nachsehen. Das ist ein Donnerstag. Ja, das geht.

– Gut. Vielen Dank. Und einen schönen Gruß an Herrn Meininger. Auf Wiederhören!

+ Auf Wiederhören, Herr Öttinger.

10 Feste und Feiern

2

1. Früher habe ich mit meinem Mann und meiner Tochter gefeiert. Wir haben schon zwei Wochen vor Weihnachten Plätzchen gebacken. Eigentlich esse ich nicht gerne Süßigkeiten, aber mein Mann und meine Tochter haben sich immer sehr darüber gefreut. Werner lebt seit drei Jahren nicht mehr und meine Tochter macht dieses Jahr über die Weihnachtstage mit ihrer Familie Skiurlaub in den Alpen. Ich habe mir ein schönes Familienfoto von ihnen gewünscht. Ich habe ja schon alles, was ich brauche. Naja, und nun feiere ich zum ersten Mal alleine in meiner Wohnung. Wie immer gibt es Würstchen mit Kartoffelsalat, dann höre ich noch ein paar Weihnachtslieder und gehe früh ins Bett. Aber die Silvesterfeier ist dann dieses Jahr hier bei mir! Dann sind alle wieder da.

2. Weihnachten ist für mich etwas ganz Besonderes, seit ich Araya kennengelernt habe. Das war vor zwei Jahren. Sie kommt aus Thailand und für sie ist das alles immer noch neu. In der Adventszeit gehen wir zusammen auf den Weihnachtsmarkt und machen es uns zu Hause gemütlich. Manchmal singen wir auch zusammen Weihnachtslieder. Am Heiligen Abend kocht Araya dieses Jahr ein Fischgericht aus ihrer Heimat und nach dem Essen gibt es dann die Geschenke. Sie bekommt von mir eine Armbanduhr. Ich habe mir einen ganz bestimmten Pullover gewünscht. Mal sehen, ob sie ihn mir schenkt. Naja, und dann gehen wir um 22 Uhr in die Kirche. Das habe ich schon immer gemacht und Araya findet es auch richtig romantisch. Hier in Rosenheim liegt zu Weihnachten oft Schnee. Dann ist es draußen sehr leise und nachts sieht alles besonders festlich aus.

3. Eigentlich habe ich Weihnachten immer zusammen mit meinen Eltern und Geschwistern gefeiert. Aber jetzt bin ich seit September als Au-Pair in den USA. Meine amerikanische Familie ist sehr nett. Sie machen Weihnachten immer Urlaub am Strand in Kalifornien und haben mich auch eingeladen. Aber dann haben meine Brüder gesagt, dass sie mich hier in Seattle mit ihren Freundinnen besuchen wollen. Zum Glück ist das für meine Gastfamilie kein Problem. Sie fahren in Urlaub und wir können hier in ihrem Haus feiern. Wir kochen zusammen Spaghetti, singen Weihnachtslieder – das finde ich immer toll! – und gehen dann noch auf eine Weihnachtsparty. Ach ja, ich habe mir von ihnen Bücher gewünscht.

4

1. – Dieses Fest ist immer im Frühling. Die Kinder freuen sich, weil sie Schokoladeneier bekommen. Aber viele glauben

schon im Kindergartenalter nicht mehr, dass ein ganz besonderer Hase die bunten Eier bringt.
Klar, das ist Ostern, die bunten Eier heißen Ostereier und der Hase ist der Osterhase.

2. – Dieses Fest ist immer im Winter. Wenn es draußen kalt und lange dunkel ist, geht das Jahr langsam zu Ende. Das feiern viele Menschen mit Sekt und Feuerwerk und überall finden Silvesterpartys statt.

3. – Der Winter ist nun schon fast vorbei. Die Tage sind schon wieder etwas heller und in den Straßen ist es heute bunt und laut. An diesem Tag ist der Chef Supermann, die Nachbarin der Osterhase und ihre Kinder sind Cowboy und Clown. Natürlich haben sie sich nur so verkleidet, weil Karneval ist.

11 Mit allen Sinnen

2 a) und 3

Dialog 1:

+ Frau Wagner, ich muss Ihnen leider sagen, dass ich das Geschäft im Juli schließen muss.
– Wie bitte? Wir müssen schließen? Aber das, das kann doch gar nicht sein!
+ Doch, so ist es leider. Meine Frau ist sehr krank, ich bin schon alt und wir haben in den letzten Monaten einfach nicht genug verkauft. Die Probleme kennen Sie ja.

Dialog 2:

+ Ach Kind, nun mach dir mal nicht so viele Sorgen. Ich bin ja auch noch da. Und du bist eine gute Verkäuferin. Du findest bestimmt bald wieder Arbeit. Hast du schon einen Termin bei der Arbeitsagentur gemacht?
– Das ist eine Katastrophe! Ich muss mich alleine um meine Kinder kümmern und weiß nicht, wie ich ohne Arbeit die Miete bezahlen soll.

Dialog 3:

+ Ich sehe aber keine andere Lösung. Ich kann mir keinen Urlaub mehr nehmen und außerdem möchte ich für die paar Stunden mit Timmi keine sechzig Kilometer mit dem Auto fahren! Die sollen dir bei der Arbeitsagentur einen anderen Termin geben.
+ Nur für ein paar Stunden mit Timmi? Das glaube ich jetzt nicht! Du bist doch sein Vater!

Dialog 4:

+ Ja, Frau Wagner, Sie haben Glück! Ich kann Ihnen gleich zwei neue Stellen anbieten.
– Das ist ja toll! Wo denn?
+ Eine ist gleich bei Ihnen um die Ecke, Getränkemarkt Hülsmann. Da können Sie schon im August anfangen.
– Prima. Und die andere Stelle?
+ Die ist in einem Supermarkt in der Poststraße. Es ist aber nur eine halbe Stelle, immer vormittags.
– Das passt mir auch gut. Ich mache gleich die Bewerbungen fertig. Vielen Dank für Ihre Hilfe!

Dialog 5:

+ Frau Wagner, hier spricht Dr. Mertens. Ich rufe Sie aus dem Krankenhaus an.
– Aus dem Krankenhaus? Was ist denn passiert?
+ Bitte bleiben Sie ruhig. Ihr Sohn Timmi hatte einen Unfall.
– Timmi? Ich komme sofort.

9 a)

+ Hast du den Text über Annette Stramel und Judith Harter schon gelesen?

– Nein, noch nicht.
+ Den musst du unbedingt lesen. Der ist total interessant!
– Warum?
+ Naja, es geht um zwei starke Frauen. Die eine Frau ist blind und arbeitet als Deutschlehrerin für Blinde und Sehende. Die andere ist gehörlos. Sie ist Industriekauffrau von Beruf und tanzt sehr gerne. Sie hat sogar in der Volkshochschule einen Tanzkurs gemacht! Kannst du dir das vorstellen?
– Sie kann tanzen? Wie macht sie das denn, wenn sie nicht hören kann?
+ Sie beobachtet die anderen und kann die dunklen Töne der Musik mit den Füßen fühlen.
– Toll! Aber wie versteht sie denn die Menschen, wenn sie sprechen?
+ Sie kann zwar nicht hören, aber sie kann von den Lippen ablesen. So hat sie als Kind auch Lesen und Schreiben gelernt. Ihre Mutter hat ihr geholfen.
– Und wie macht die Deutschlehrerin das? Ich meine Lesen und Schreiben.
+ Sie kann die Blindenschrift. Das ist eine ganz besondere Schrift, die aus sechs Punkten besteht.
– Eine Schrift aus sechs Punkten? Aber wie kann sie die Punkte denn sehen?
+ Das macht sie mit ihren Fingern. Die Punkte kann man auf dem Papier fühlen, wenn man das gelernt hat.
– Das ist ja interessant. Mit den Füßen Töne hören und mit den Fingern lesen. Das kann wirklich nicht jeder!

11 Leben in Deutschland

1

1. + Ich war gestern im Kino. Der neue James Bond. Kennst du ihn schon?
– Ja, Ich habe ihn letzte Woche auch gesehen. Und? Wie hat der Film dir gefallen?
+ Ich fand ihn sehr gut, ein toller Actionfilm!
– Ein toller Actionfilm? Ich weiß nicht. Meiner Meinung nach war der Film ziemlich langweilig.
+ Langweilig? Das sehe ich ganz anders. Die Schauspieler waren toll und die Handlung auch.

2. + Haben Sie schon alle Bewerbungen für die freie Stelle gelesen?
– Es gibt wieder viele gute Bewerbungen für die Stelle.
+ Das stimmt.
– Ich finde, wir sollten Frau Dr. Kunz zu einem Gespräch einladen. Sie ist wirklich qualifiziert.
* Das sehe ich auch so. Sie hat sehr viel Erfahrung. Wir sollten sie unbedingt einladen.
+ Da muss ich Ihnen leider widersprechen. Meiner Meinung nach sollten wir Frau Mata einladen. Ihre Bewerbung hat mich absolut überzeugt.
– Da haben Sie recht. Frau Mata ist auch sehr qualifiziert. Ich schlage vor, dass wir Frau Dr. Kunz und Frau Mata zum Vorstellungsgespräch einladen. Was meinen Sie?
+ Das ist ein guter Vorschlag. Das machen wir.

12 Ideen und Erfindungen

1 b) und c)

+ Willkommen liebe Zuhörer, bei *Gute Idee*! Heute möchte ich Ihnen eine geniale Erfindung vorstellen. Sie ist so einfach, dass ich mich frage: Warum gibt es das nicht schon lange? Wie sie wissen, gibt es auf der ganzen Welt noch viele Regionen, in denen die Menschen nicht so bequem leben wie wir. Weil sie nicht viel oder gar kein Geld haben, bauen sie ihre einfachen Häuser meistens selbst. Manchmal haben diese Häuser nicht einmal Fenster oder sie stehen sehr nah nebeneinander. So ist es in den Zimmern sehr dunkel. Öllampen sind gefährlich und Strom gibt es nicht, oder er ist zu teuer. Seit der Erfindung dieser besonderen Lampe kann man am Tag völlig gratis– ein großes Dankeschön an die Sonne! - auch in dunklen Räumen besser sehen. Meine Frage lautet nun: Wie funktioniert die Lampe? Wenn Sie es wissen, rufen Sie an unter 030 für Berlin, 777888 und gewinnen Sie eine Gute-Idee-CD. Und hier ist auch schon der erste Anruf. Guten Tag. Mit wem spreche ich?

– Mit Anja.

+ Hallo Anja, Sie wissen, wie die Lampe funktioniert?

– Ja, ich war letztes Jahr in Manila und habe da solche Lampen gesehen.

+ Interessant. Können Sie uns auch erklären, wie das geht?

– Ganz einfach. Man nimmt eine große leere Flasche, füllt sie mit Wasser, schließt die Flasche wieder und hängt sie dann in eine passende Öffnung im Dach. Wenn die Sonne auf das Wasser in der Flasche scheint, wird ein großer Teil des Raums unter der Öffnung hell. Wie gesagt, ganz einfach.

+ Ihre Antwort ist korrekt. Wissen Sie vielleicht auch noch, wer diese Erfindung gemacht hat?

– Nein, den Namen des Erfinders kenne ich nicht, aber ich glaube, die Idee kommt aus Brasilien.

+ Stimmt auch. Vielen Dank, Anja! Ihre Adresse haben wir ja schon. Sie bekommen dann in den nächsten Tagen Post von mir.

– Schön. Das freut mich!

+ So, jetzt wissen wir, wie es geht. Wir verabschieden uns mit etwas Musik und sagen: Bis zum nächsten Mal bei *Gute Idee!*

Wortliste Leben in Deutschland

1 Leben in Deutschland

	dazugehören	1/Ü1
die	Prüfung	1/Ü1
die	Vorkenntnisse	1/Ü1
der	Einbürgerungstest	1/Ü1
der	Teilzeit- / Intensivkurs	1/Ü1
die	Kursgebühr	1/Ü1
die	Dokumente	1/Ü1
	eine Prüfung bestehen	1/Ü2
	sich auf einen Test vorbereiten	1/Ü3
das	Niveau (A1, A2, B1)	1/Ü4

2 Leben in Deutschland

die	Schulfächer: Biologie, Chemie, Geschichte, Kunst, Mathematik	2/Ü1
der	Schulhof	2/Ü1
die	Turnhalle	2/Ü1
der/die	Direktor/in	2/Ü1
die	Klassenfahrt	2/Ü1
der	Elternabend	2/Ü2
die	Klasse	2/Ü2
die	Tagesordnung	2/Ü2
	zurückschicken	2/Ü2

3 Leben in Deutschland

der/die	Zugbegleiter/in	3/Ü1
das	Gepäck	3/Ü1
die	Fahrgäste	3/Ü1
die	Schließfächer	3/Ü1
der	Sitzplatz	3/Ü1
die	Dauer	3/Ü2
	zusteigen, zugestiegen	3/Ü3

4 Leben in Deutschland

der	Zirkus	4/Ü1
die	Gitarre	4/Ü1
die	Jugendlichen	4/Ü1
	erfahren	4/Ü1
das	Musikinstrument	4/Ü1
der	Campingplatz	4/Ü2
der	Waschraum	4/Ü2
	leihen	4/Ü2
die	Badehose	4/Ü2

5 Leben in Deutschland

	ausschalten/ einschalten	5/Ü1
der	Anhang	5/Ü1
	aktiv sein	5/Ü2
der/die	Absender/in	5/Ü2
der/die	Empfänger/in	5/Ü2
der	Vertrag	5/Ü3
	empfangen	5/Ü3
	inkl. MwSt. = inklusive	5/Ü3
(die)	Mehrwertsteuer	5/Ü3

6 Leben in Deutschland

die Anzeige/Kleinanzeige	6/Ü1
die Kaffeemaschine	6/Ü1
die Haushaltsgeräte	6/Ü1
die Plastikstühle	6/Ü1
das (Anmelde-)Formular	6/Ü2
der Wohnort	6/Ü2
der Beitrag	6/Ü2
die Einzugsermächtigung	6/Ü2

7 Leben in Deutschland

die Unterlagen	7/Ü1
der Besichtigungstermin	7/Ü1
die Kaution	7/Ü1
der/die Vermieter/in	7/Ü1
streichen	7/Ü1
der/die Mieter	7/Ü1
der Abstand	7/Ü1
der/die Makler/in	7/Ü1
die Meldepflicht	7/Ü2
die Geburtsurkunde	7/Ü2

8 Leben in Deutschland

der Ausländerrat	8/Ü1
interkulturell	8/Ü1
Lücken schließen	8/Ü2
der Karneval	8/Ü2
wahnsinnig (toll)	8/Ü2
der/die Migrant/in	8/Ü3
die Senioren	8/Ü3
der Migrationshintergrund	8/Ü3
die Angehörigen	8/Ü3
der Alphabetisierungskurs	8/Ü3
die Nachhilfe	8/Ü3
der/die Dolmetscher/in	8/Ü3

9 Leben in Deutschland

die Steuern	9/Ü1
die Steuerklasse	9/Ü1
die Kirchensteuer	9/Ü1
evangelisch	9/Ü1
katholisch	9/Ü1
die elektronische Steuerkarte	9/Ü1
die Identifikationsnummer	9/Ü1
die Pflegeversicherung	9/Ü1
die Rentenversicherung	9/Ü1
die Arbeitslosenversicherung	9/Ü1
das Brutto-/Nettogehalt	9/Ü1
brutto / netto	9/Ü1
die Lohnsteuer	9/Ü2

10 Leben in Deutschland

die Religion	10/Ü1
die Synagoge	9/Ü1
die Moschee	9/Ü1
die Christen / Juden/ Muslime /	
Buddhisten / Hindus	9/Ü1
die Fastenzeit	9/Ü1
fasten	9/Ü1

11 Leben in Deutschland

der/die Bewerber/in	10/Ü1
etwas anders sehen	10/Ü1
qualifiziert	10/Ü1
absolut	10/Ü1
der Konflikt	10/Ü2
die Schlange: in der Schlange warten	10/Ü2
Quatsch!	10/Ü2
Du spinnst wohl!	10/Ü2
deutlich	10/Ü2
das Missverständnis	10/Ü2
unmöglich	10/Ü2

12 Leben in Deutschland

das Gas	12/Ü1
gebraucht	12/Ü1
die Bibliothek = Bücherei	12/Ü2
die Zeitschrift	12/Ü2
ausleihen	12/Ü2
die Ermäßigung	12/Ü2
der Rundfunkbeitrag	12/Ü3
das Kabelfernsehen	12/Ü3

Bildquellenverzeichnis

CD-Inhalt

Auf dieser CD finden Sie alle Hörtexte zum Intensivtraining.

studio [21]

Intensivtraining

A2

mit Audio-CD
und Extraseiten
für Integrationskurse

Deutsch als Zweitsprache

Lösungen

Cornelsen

Willkommen in A2

1

a) a: *Lösungswort:* Sprachen.

b) 1 Sprachfamilie – 2. Muttersprache – 3. Sprachinsel

2

a) 1. Sportkurse leiten: Fitnesstrainer/in
2. Lebensmittel bestellen: Koch/Köchin
3. Essen bringen: Krankenpfleger/in
4. Kleidung verkaufen: Verkäufer/in
5. Sportgeräte kontrollieren: Fitnesstrainer/in
6. Kunden beraten: Verkäufer/in
7. Patienten helfen: Krankenpfleger/in
8. Menüs planen: Koch/Köchin
9. E-Mails schreiben: Sekretär/in
10. Termine machen: Sekretär/in

b) das Fitnessstudio, -s, das Restaurant, -s, das Büro,-s, das Geschäft, "-e

3

Text 1: c
Text 2: a
Text 3: e

1 Leben und Lernen in Europa

1

a)

Zeile 8–10: Es fehlen Menschen mit einer Ausbildung in diesen Berufen.

Zeile 19–22: In Deutschland gibt es auch nicht genug Frauen in technischen Berufen.

Zeile 25–27: Aber leider bekommen Leute aus dem Ausland oft keine Arbeitserlaubnis.

Zeile 35–38: Die Arbeit in der Pflege ist nicht immer einfach und in den Pflegeberufen verdient man auch nicht sehr gut.

Zeile 58–61: Viele junge Ärzte wollen lieber im Ausland als auf dem Land in Deutschland arbeiten.

b) 1b, 2e, 3a, 4d, 5c
2. Weil sie nicht auf dem Land leben möchten.
3. Weil die Firma auf dem Land ist.
4. Weil viele am Anfang im Beruf noch Probleme mit der Sprache haben.
5. Weil die Arbeit manchmal hart ist und man in den Berufen nicht viel Geld verdient.

2

a) + Warum hast du den Bus verpasst?
+ Warum hat der Deutschkurs so lange gedauert?
+ Und warum hast du nicht angerufen?
+ Warum hattest du meine Telefonnummer nicht?

3

3. Oft können die Mütter nicht bei den Hausaufgaben helfen, weil sie die Sprache nicht verstehen.
4. Seit 2003 gibt es das Projekt „Mama lernt Deutsch", weil besonders die Mütter von Schulkindern Hilfe brauchen.
5. Der Deutschunterricht ist vormittags, weil die meisten Kinder morgens in der Schule sind.

4

a) b ist richtig

b) d – b – e – a – c – f

c) *Vorschlag:*
1. Esperanza hat in Spanien an der Universität Deutsch gelernt, weil viele Touristen aus Deutschland, Österreich und der Schweiz in Spanien Urlaub machen.
2. Sie hatte nach dem Praktikum im *Mirasol* sofort Arbeit, weil das Hotel eine Rezeptionistin gesucht hat.
3. Aber dann kam die Krise und die Miete war ein Problem, weil Esperanza ihre Arbeit verloren hat.
4. Esperanza ist nach Berlin umgezogen, weil viele Spanier in Deutschland Arbeit gefunden haben und weil es in Berlin auch viele Touristen gibt.
5. Bald möchte sie zurück nach Spanien fliegen, weil sie in ihrem Beruf arbeiten möchte.
6. Sie meint, sie kann dort im Sommer Arbeit finden, weil dann wieder viele Touristen nach Spanien kommen.

5

a)

1. klein	6. interessant
2. lang	7. leicht
3. alt	8. schnell
4. gesund	9. wenig
5. teuer	10. gut

6

2. Sie spricht gut Chinesisch, aber besser Englisch.
3. Sie macht viele Geschäftsreisen nach England, aber mehr Reisen nach Asien.
4. Sie arbeitet oft im Ausland, aber öfter am Computer in ihrem Büro.
5. Sie hat wenig Zeit für ihre Freunde und sie hat noch weniger Zeit für Sport.
6. In ihrer Freizeit geht Eva gern ins Theater, aber lieber ins Kino.

7

2. Salat ist gesünder als Pommes.
3. Die Bosporus Brücke ist länger als die Krämerbrücke in Erfurt.
4. Ein Wasser kostet oft mehr als ein Bier.
5. Ein eBook ist leichter als ein Buch.
6. Ein Auto fährt schneller als ein Bus.
7. Der Weg von München nach Leipzig ist kürzer als der Weg von München nach Berlin.

8

2. + Ist Australien die größte Insel der Welt weltweit?
– Von allen Inseln ist Grönland am größten. Australien ist ein Kontinent.
3. + Der kürzeste Weg von München nach Italien führt durch die Schweiz.
– So ein Quatsch! Der Weg durch Österreich ist am kürzesten.
4. + Mir schmeckt der Wein aus Frankreich am besten.
– Das sehe ich anders. Der beste Wein kommt aus Kalifornien.
5. + Endlich! Das war der langweiligste Film in meinem ganzen Leben!

– Findest du? Für mich war Titanic am langweiligsten?
+ Warum das denn? Der war doch toll!

9

1. einen Intensivkurs machen – mehr Kontakt haben – ein gutes Examen machen – im Beruf Erfolg haben
2. eine Chance haben – Vielleicht mache ich ein Praktikum – Ich habe eine Arbeitserlaubnis – ich habe das Gefühl

10

a) und b)

Mann: Hallo, sind Sie neu hier?
Frau: Ja, ich habe vor einer Woche angefangen. Mein Name ist Elena Krawietz.
Mann: Ich heiße Michael Sommer. Willkommen in der Firma.
Frau: Vielen Dank! In welcher Abteilung arbeiten Sie?
Mann: Marketing. Ich organisiere den Verkauf in Asien.
Frau: Marketing? Das ist auch meine Abteilung. Ich habe Sie aber noch nie hier gesehen?
Mann: Ich bin auch erst gestern Abend aus Hong Kong zurück gekommen.
Frau: Das ist ja interessant. Ich muss auch bald viel reisen.
Mann: Wohin denn?
Frau: Nach Osteuropa. Das ist aber nicht so weit. Sprechen Sie viele Sprachen?
Mann: Ich spreche Englisch und lerne noch Chinesisch. Und Sie?
Frau: Neben Deutsch spreche ich noch Polnisch, das ist meine Muttersprache, Englisch und Russisch.

11

a) 1d – 2e – 3f – 4d – 5a – 6b – 7c – 8e – 9f – 10c – 11b – 12a

b) 1 Rascheln – 2 Sommerregen –3 Sternschnuppe – 4 Pusteblume – 5 Rhabarbermarmelade - 6 Kichererbse

Leben in Deutschland

1

a) 1b, 2c, 3a
b) 1. falsch - 2. richtig, Zeile 21 – 3. falsch – 4. falsch – 5. richtig, Zeile 12 – 6. richtig, 24-25 – 7. falsch

2

+ Guten Tag, bin ich hier richtig? Ich möchte mich für einen Deutschkurs anmelden?
– Guten Tag. Ja, Sie können sich hier anmelden.
+ Mein Name ist Efgenia Pappas. Ich bin Griechin. In Griechenland habe ich schon einen Deutschkurs besucht.
– Wissen Sie, welches Sprachniveau Sie haben? A1 oder A2?
+ Also ich habe in Athen vor sechs Monaten die Prüfung Start Deutsch 1 bestanden. Hier ist mein Zertifikat.
– Dankeschön. Sie möchten also mit einem A2-Kurs beginnen?
+ Ja, genau. Wie lange dauert der Kurs?
– Also, unsere Intensivkurse dauern 12 Wochen.
+ Wie viele Stunden Unterricht pro Woche sind das?
– 20 Stunden. Der Unterricht ist täglich von 9.00 bis 12.30 Uhr.

+ Das passt mir sehr gut. Und wann beginnt der nächste Kurs?
– Der nächste Kurs beginnt am 21.September. Haben Sie Ihre Unterlagen dabei und das Geld für den Kurs?

3

1b, 2e, 3d, 4b, 5c

4

a) 1a, 2b, 3a, 4a
b) individuelle Lösung

2 Familiengeschichten

1

a) 1f, g – 2a, e – 3c, d, i – 4h, j – 5k – 6b
b) 2. Lisa und Martin sagen, dass sie viel Geld für die neue Wohnung brauchen.
3. Frau May erzählt, dass sie früher immer gearbeitet hat.
4. Pauls Eltern sagen, dass sie Oma May in der Zeitung gefunden haben.
5. Lisa und Martin finden es gut, dass sie beide wieder arbeiten.
6. Sie sind der Meinung, dass Frau May eine große Hilfe ist.
7. Und Paul findet, dass Oma May toll ist.

2

Reihe oben von links nach rechts: Hannes, Susanne, Rolf, Stefanie
unten: Elke, Heinrich, Sophie (Baby), Anton, Rainer, Monika

3

a)

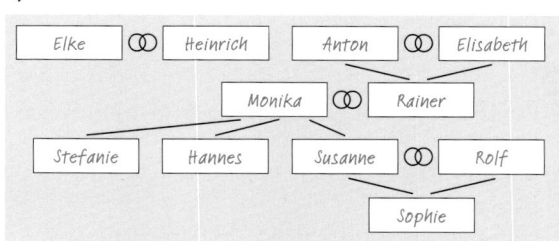

b) und c)
Anton ist der Opa von Hannes.
Hannes hat zwei Schwestern.
Stefanie ist Krankenschwester von Beruf.
Susanne ist bis August in Elternzeit.
Rolf hat eine Werkstatt bei Hannover.
Rainer macht in der Freizeit gerne Gartenarbeit.
Monika ist die Oma von Sophie.

4

Schwiegervater – Mann – Enkelin – Tochter – Schwiegersohn – Sohn

5

a) 2. Er hat seinen Eltern ein Buch über Zürich geschenkt.
3. Er hat seinem Bruder eine Uhr geschenkt.
4. Er hat seiner Großmutter ein Radio geschenkt.

b) 2. Sie hat ihrer Mutter ein Kleid geschenkt.
3. Sie hat ihrer Schwester einen Deutschkurs auf CD geschenkt.
4. Sie hat ihrem Bruder ein Computerspiel geschenkt.

c) tollen – neuen – süßen – modernen
Die Endung bei Adjektiven im Dativ ist immer –en.

6

2. Ja, das sind Utes und Martins Kinder.
3. Nein, tut mir leid. Ich kenne Karins Eltern nicht.
4. Nein, ich gehe nicht mit Evas Schwester ins Konzert.
5. Ja, ich habe Tante Monikas Telefonnummer.
6. Nein, wir haben Mamas Brille nicht gefunden.

7

Liebe Freundinnen und Freunde,
wir haben eine schöne Wohnung mit Balkon gefunden und ziehen am Samstag um.
Die Einweihungsparty ist am 1. Juni ab 15 Uhr in der Goldstr. 17. Unsere Wohnung ist im dritten Stock.
Wir freuen uns auf euch!
Renate und Mustafa

8

1e, 2c, 3a, 4d, 5f, 6b

9

2. Leon sagt, dass er eine Schwester und drei Brüder hat.
3. Michael sagt, dass alle im Haushalt helfen.
4. Gerd sagt, dass er später auch so viele Kinder haben möchte.
5. Hannes sagt, dass er manchmal mit Michael und Leon Fußball spielt.

10

2. Oma findet es nicht gut, dass du deine Eltern nicht öfters besuchst.
3. Wir fahren dieses Jahr nicht in den Urlaub, weil mein Vater arbeitslos ist.
4. Mareike ist nur am Wochenende bei ihrem Vater, weil ihre Eltern geschieden sind.
5. Lukas hat erzählt, dass seine Schwester nächstes Jahr heiratet.
6. Meine Eltern kaufen (mir) keinen Hund, weil unsere Wohnung zu klein ist.
7. Ich glaube, dass unsere Tochter Rafael in Madrid kennengelernt hat.

Leben in Deutschland

1

a) 2: Englisch – 3: Mathematik – 4: Geschichte – 5: Musik – 6: Biologie – 7: Sport – 8: Chemie – 9: Kunst
b) 1d, 2a, 3b, 4e, 5f, 6c
c) *individuelle Lösung*

2

1. Sie ist die Klassenlehrerin.
2. Zum ersten Elternabend der 9a im neuen Schuljahr.
3. Im Raum 201, das ist das Klassenzimmer.

4. Über die Klassenfahrt, u.a. über die Reisekosten und über Versicherungsfragen.

3 Unterwegs

1

2b – 3g – 4d – 5e – 6a – 7c

2

a)
4: Wie bitte? Welche Linie? Ich kann dich nicht verstehen, es ist so laut hier.
5: Du musst die Linie 64 nach Ramersdorf nehmen. Hast du schon eine Fahrkarte?
6: Nein, wo kann ich denn eine Fahrkarte kaufen?
7: Da ist ein Fahrkartenautomat.
8: Ah ja. Ich habe ihn gefunden, aber ich habe in Deutschland noch nie eine Fahrkarte am Automaten gekauft. Wie geht das?
9: Das ist ganz einfach. Links siehst du eine Liste mit Zielorten. Such Limperich.
10: Moment. Ja, hier steht Limperich. Da ist auch eine Nummer.
11: Die Nummer musst du mit der Tastatur rechts eingeben. ... Bist du fertig?
12: Moment. Ja, ich habe die Nummer eingegeben. Wie kann ich denn jetzt bezahlen?
13: Du kannst noch nicht bezahlen. Du musst zuerst noch die Fahrkarte wählen. Nimm einen Fahrschein für eine Erwachsene. Siehst du das Symbol?
14: Ein Symbol? Ach so, ja. Welchen Fahrschein brauche ich denn jetzt?
15: Du brauchst nur eine Fahrt, also eine einfache Fahrt. Ich bringe dich morgen mit dem Auto zum Bahnhof zurück.
16: Danke, das ist schön. So, jetzt zeigt der Monitor den Preis. 2, 80 Euro. Ich habe aber kein Kleingeld.
17: Das macht nichts. Hast du einen 10-Euro-Schein? Der Automat gibt das Restgeld zurück.
18: Das ist ja ganz einfach! So, jetzt habe ich mein Ticket. Hoffentlich kommt die nächste Bahn schon bald.
19: Die kommt in ca. fünf Minuten. Du musst in Limperich aussteigen. Ich hole dich an der Haltestelle ab. Bis gleich!
20: Prima. Bis gleich!

3

2. oder, aber – 3. und, Oder, aber – 4. oder – 5. oder, und – 6. aber

4

Von: Hamburg	Hinflug am 23.02.
Nach: Rom	Abflugzeit: 14:30 Uhr
	Rückflug am 26.02.
	Abflugzeit: 16:45 Uhr
Hotel: nein	
Mietwagen: nein	

5

a)
1. Freunde oder Verwandte besuchen
2. eine Konferenz besuchen
3. eine Reise machen
4. Urlaub machen
5. eine Radtour machen
6. eine Buchmesse besuchen

b)
2. Wahrscheinlich hat sie die Buchmesse besucht.
3. Ich denke, dass sie Urlaub gemacht haben.
4. Vielleicht haben sie eine Informationsreise nach China gemacht.
5. Ich glaube, er hat seine Freundin besucht.
6. Wahrscheinlich hat sie eine Konferenz in Moskau besucht.
7. Ich meine, dass er eine Radtour durch Irland gemacht hat.

6

2. wollen – 3. darf – 4. dürfen – 5. können – 6. wollen, können – 7. müssen – 8. müssen – 9. dürfen/können, müssen

7

2. Rebecca meint, dass du in Kenia nur Mineralwasser trinken sollst.
3. Wir haben Peter gesagt, dass er vor dem Urlaub Medikamente kaufen soll.
4. Der Arzt sagt, dass wir uns in Österreich gut ausruhen und viel wandern sollen.
5. „Vergesst nicht, dass ihr in China viele Fotos machen sollt!"
6. Sag deinen Freundinnen, dass sie in Spanien nicht den ganzen Tag am Strand in der Sonne liegen sollen. Das ist nicht gesund.
7. Frau Sommer, der Chef sagt, dass sie in München die Firmenkarte benutzen sollen.
8. Ich weiß, was ich in den Ferien machen soll. Hast du keine Idee?
9. Ich habe dir doch gesagt, dass du im Ausland nicht mit dem Handy telefonieren sollst. Das ist viel zu teuer!

8

b)
2. Was soll ich reservieren: Hin und Rückflug oder nur einen Hinflug?
3. Wann kommen Sie an? Am Montag oder am Dienstag?
4. Wohin fährst du lieber? An den Strand oder in die Berge?
5. Wie wollt ihr nach Italien fahren? Mit dem Auto oder mit dem Zug?

9

a) Zeichnung A ist richtig.

Leben in Deutschland

1

a) die Ankunftstafel: 10, der Fahrplan: 7, der ICE: 2, der Zugbegleiter: 8, der Bahnsteig: 3, das Gepäck: 6, die S-Bahn: 9, der Fahrkartenschalter: 4, die Fahrgäste: 5, die Schließfächer: 11

b) 1b, 2d, 3a, 4e, 5c

3

+ Ist in Jena noch jemand zugestiegen? ... Sie sind zugestiegen? Dann Ihre Fahrkarte, bitte.
– Bitte sehr. Darf ich Sie kurz noch etwas fragen?
+ Aber natürlich. Wie kann ich Ihnen helfen?
– Ich fahre nach Düsseldorf. Ich muss in Leipzig umsteigen. Wie lange muss ich warten?
+ Moment, da muss ich schauen ... Wir kommen um 10.42 Uhr in Leipzig Gleis zwölf an. Die nächste Verbindung geht um 11.11 Uhr ab Gleis neun. Und in Frankfurt/Flughafen müssen Sie dann wieder umsteigen.
– 11.11 Uhr ab Gleis neun. Vielen Dank.

4 Freizeit und Hobbys

1

a) 1. b, 2. a, 3. d, 4. c
b) 2. richtig, Zeile 2–3
   3. falsch, 4. falsch, 5. falsch 6. falsch
   7. richtig, Zeile 19–20
   8. richtig; Zeile 21–22
   9. richtig, Zeile 23

2

a) am Mittwoch, also am neunten um 19 Uhr?
   am elften, abends um acht
   Dienstag um sechs
   Nein, nicht am fünfzehnten. ... übermorgen, also am achten.
   Um halb sechs
   bis Dienstag
c) Dienstag, 08.09.: 17:30 Cineplex mit Lisa
   Mittwoch, 09.09.: 19:00 Volleyballtraining.
   Freitag, 11.09.: 19:00 Fotoclub

4

1. Marathon laufen
2. Die Zeitung lesen
3. Am Computer spielen
4. Motorrad fahren
5. Yoga oder Pilates machen
6. In die Sauna gehen
7. Im Chor singen
8. Im Garten arbeiten
9. In den Bergen wandern

```
Z E I T U N G S T U D I
T K T T U P R E S G V I
B M A R A T H O N N T O
D O Y O G A S T D W U F
E T B E E S C H M F L G
S O E P E R S T J R T A
A R R S C O M P U T E R
U R G H H U M N B O R T
N A E N O P Q Z T E R E
A D N L R C H M I E R N
```

5

2. rasierst du dich: *reflexiv*
3. dich nicht verstehen: *nicht reflexiv*
4. treffen wir uns: *reflexiv*
5. fühlst du dich: *reflexiv*
6. freut ihr euch auf : *reflexiv*
7. euch zum Essen einladen: *nicht reflexiv*

6

Kurt ist aufgestanden und hat sich geduscht. Heute hat er sich nicht rasiert. Seine Freundin findet seinen Bart cool und er trifft sich heute Abend mit ihr. Er hat auch sein neues Hemd angezogen. Dann hat er Kaffee gemacht. Plötzlich hat es an der Tür geklingelt. Das hat ihn so überrascht, dass er den Kaffee verschüttet hat. So ein Mist – das neue Hemd! Kurt ist wieder ins Schlafzimmer gegangen und hat sich umgezogen.

7

a)
2. sich ärgern über + *Akk.*
3. sich verabreden mit + *Dat.*
4. sich entspannen mit + *Dat.*
5. sich freuen über + *Akk.*
6. sich entscheiden für + *Akk.*
7. sich aufregen über + *Akk.*

b)
2. Ja, er ärgert sich über die langen Wartezeiten.
3. Ja, ich interessiere mich für Fußball.
4. Ja, sie hat gesagt, dass sie sich über den Brief freut.
5. Ich habe mich über ihn aufgeregt.
6. Ich glaube, ich entscheide mich für meine Eltern.
7. Ich entspanne mich (am liebsten) bei Musik.

8

Zuerst habe ich in der Kantine Mittag gegessen. Danach habe ich im Supermarkt ein paar Lebensmittel eingekauft und dann bin ich mit der Straßenbahn nach Hause gefahren.

9

a)
1. D: Ponyclub Ponderosa
2. B: Steps e.V.
3. E: Tourentreff
4. F: Verein der Naturfreunde
5. C: Kochtreff Bratpfanne
6: A: Kleingartenverein

b)
1. Mona ist im Kleingartenverein.
2. Frank macht bei den Naturfreunden mit.
3. Fatih ist im Kochtreff.
4. Li geht zum Tanzen.

10

1. Alle hören gerne Musik.
2. Fast alle kochen gerne.
3. Viele machen in ihrer Freizeit Sport.
4. Viele lesen auch gerne.
5. Aber nur wenige lesen jeden Tag die Zeitung.
6. Fast niemand interessiert sich für Briefmarken.
7. Niemand geht jede Woche ins Kino.

11

a) 1c – 2b – 3b – 4b – 5a

Leben in Deutschland

1

a)
1. Man kann mit Ihnen ins Kinderkino gehen.
2. Kinder gehen gern in den Zirkus.
3. Besonders kleine Kinder finden den Streichelzoo toll/interessant.
4. Viele Kinder lieben das Schwimmbad.

b) Banu: 3 – Boris: 4
c) *individuelle Lösung*

2

a)
1. Der Campingplatz liegt in Hinterzarten am Titisee. Das ist im Hochschwarzwald.
2. Man kann angeln, segeln, surfen und wandern. Man kann auch Fahrräder leihen.
3. Ja, man kann einkaufen. Es gibt einen Lebensmittelladen.
4. Im Restaurant. Es hat auch einen Garten.

c) *Vorschlag:*
   ...
– Socken
– Angel
– Regenjacke
– kurze Hosen, Jeans
– ...

5 Städte – Länder – Sprachen

1

a) *Text 1 passt zur Grafik.*
b)
1. Die Grafik zeigt, dass die meisten Kinder und Jugendliche schon früh digitale Medien nutzen.
2. müssen wir alle mehr für die Sicherheit im Netz tun.
3. Die Grafik erklärt nicht, warum die 14- bis 15-Jährigen Smartphones seltener nutzen als die 12- bis 13-Jährigen.
4. Sie zeigt auch nicht, was die 10- bis 18-Jährigen im Internet am liebsten machen.

2

2. Leon sagt, dass er ein Smartphone zum Geburtstag bekommt.
3. Hannes sagt, dass er ein Notebook für die Schule braucht.
4. Michael sagt, das er jeden Tag im Internet surft.
5. Lea sagt, dass sie keine Filme downloaden darf.

3

a) 1a, d, 2d, e, 3c, e, 4b, f, 5c, d 6a, b
b) 2. Sie abonniert eine Zeitung.
   3. Sie hört (lieber) Schallplatten.
   4. Sie leiht Filme aus.

4

a) 1. Sprecherinnen 1, 2 und Sprecher 3
2. Sprecherin 1 und Sprecher 4
3. Sprecherin 2
4. Sprecherin 1 und Sprecher 3
5. Sprecherin 2 und Sprecher 3

b)
1. Sprecherin 1 hört auf dem Schulweg meistens Musik.
2. Sprecherin 2 nutzt das Navigationssystem von ihrem Smartphone. Sie steht oft im Stau.
3. Sprecher 3 schickt seine geschäftlichen Mails manchmal erst aus dem Büro ab.
4. Auf Reisen nimmt Sprecher 4 immer ein Handy mit.

5

1. die Briefmarke, 3. die Hausnummer, 4. der Absender, 5. die Postleitzahl, 6. die Straße

6

2. Hmm, mal sehen, wer mir helfen kann.
3. Vielleicht weiß Thomas, wo es eine gute Werkstatt gibt.
4. Ich möchte wissen, wie lange die Reparatur dauert.
5. Und dann frage ich ihn noch, wie teuer ein neuer Computer ist.

7

– Wie bitte?
+ Ich möchte wissen, ob Sie die Kamera schon verkauft haben?
+ Ich habe Sie gefragt, ob die Kamera auch in Ordnung ist.
+ Ich möchte wissen, ob Sie mir die Kamera zeigen können.
– Nein, das geht nicht. Ich habe Sie gefragt, ob es Ihnen morgen Vormittag passt.

8

b)
+ Guten Tag, kann ich Ihnen helfen?
– Guten Tag, ich möchte diese Uhr umtauschen.
+ Warum möchten Sie die Uhr denn umtauschen?
– Sie gefällt meinem Mann nicht.
+ Wann haben Sie sie denn gekauft?
– Die Uhr gefällt meinem Mann nicht.
+ Gut, dann brauche ich den Kassenzettel.
– Ich habe den Kassenzettel leider verloren.
+ Tut mir leid. Ohne Kassenzettel kann ich die Uhr nicht umtauschen.

9

1. Meine Großeltern haben einen sehr modernen Fernseher.	der	unbestimmt
2. Ich brauche eine schnelle Internetverbindung.	die	unbestimmt
3. Können Sie mir das billige Handy wirklich empfehlen?	das	bestimmt
4. Ich habe am Wochenende ein sehr gutes Buch gelesen.	das	unbestimmt
5. Hast du den neuen Film von Til Schweiger schon gesehen?	der	bestimmt
6. Toms Vater hat noch eine alte Schallplatte von den Rolling Stones.	die	unbestimmt
7. Ich suche einen gebrauchten Schallplattenspieler.	der	unbestimmt
8. Kannst du mir die neue Gartenzeitschrift mitbringen?	die	bestimmt

10

2. denk an dich
3. hab dich lieb
4. bis bald

11

a)
2. Wohnung: schwierig
3. Preis: leicht
4. Auto: lecker
5. Ernährung: bunt
6. Hobby: spät
7. Kleidung: früh

b)
Das Wetter morgen: heißer Sommertag mit Temperaturen bis 33 Grad.
Stadt plant 3 500 große Wohnungen für Familien mit drei und mehr Kindern.
Der Winter war lang: hohe Energiepreise belasten Haushalte.
Umfrage zeigt: Sichere Autos sind Deutschen wichtiger als die Schnelligkeit oder der Preis.
Krankenkassen melden immer mehr Krankheitsfälle durch falsche Ernährung.
Tanzschulden melden Rekordzahlen: Tanzen wieder beliebtes Hobby bei Jung und Alt.
Praktische Kinderkleidung jetzt besonders günstig.

Leben in Deutschland

1

geöffnet – gelesen – beantwortet – gespeichert – weitergeleitet – geschrieben – verschickt – ausgeschaltet

2

1. Carlos Montero ist der Absender.
2. Bei web.de.
3. Lara Mandl ist die Empfängerin.
4. Pedro Mato bekommt eine Kopie.
5. Der Absender schreibt über den Urlaub.
6. Der Empfänger bekommt Fotos.

3

1c, 2d, 3e, 4X

6 Ausgehen, Leute treffen

1

a) 1d, 2a, 3c, 4e, 5b
b)
/1. Wo: draußen, im Westpark
Was: Sommeraktion mit Musikern und Theatergruppen, Straßenkünstlern, Workshops und Spielen.
Wann: sonntags, ab 10 Uhr

2. *Wo:* im Restaurant am Park
Was: Biergarten, günstige und gute Menüs und ein DJ mit Musik aus den 70er- und 80er Jahren
Wann: Essen ab 20 Uhr, Musik ab 22 Uhr
3. *Wo:* Oberhausen
Was: Einkaufszentrum mit Glasdach mit mehr als 260 Geschäften
Wann: Montag bis Samstag von 9 bis 22 Uhr
4. *Wo:* Buchladen mit Café und Terrasse
Was: Lesungen und Schreibwerkstatt mit Autoren und Autorinnen
Wann: jeden Freitagabend, Ende August Sonderlesung
5. *Wo:* Musikkneipe am Westpark
Was: Biergarten, Skatturniere, leckere Snacks und selbst gemachtes Bier, Stammtische
Wann: Skatturniere am Wochenende, geöffnet Dienstag bis Sonntag 17 bis 24 Uhr, Küche bis 22 Uhr
c) Mona: 3, Frank: 1, Li: 2, Sven: 5, Ute 4

2

a) 1. Lesung, 3. Kino, 4. Aquarium, 5. Schwimmbad, 6. Restaurant, 7. Theater, 8. Stammtisch, 9. Stadion, 10. Konzert
b)

```
K  R  S  V  R  I  C  G  X  H  M  B  X  B  T  N  A  Q
V  G  T  Q  Z  K  R  S  T  U  K  E  O  N  B  O  G  E
N  Q  A  N  K  I  N  J  Q  P  P  X  U  S  C  W  H  Y
C  W  M  T  E  N  B  I  L  L  A  R  D  A  S  G  U  D
K  D  M  H (K  O  N  Z  E  R  T) X  R  N  R  O  O  D
F  P  T  E  S  B  C  A (S  C  H  W  I  M  M  B  A  D)
D  N  I  A  T  A  A  Q  U  A  R  I  U  M  M  A  G  E
(R  E  S  T  A  U  R  A  N  T) R  P  N  H  C  A  D  V
N  A  C  E  D  N  M  G  G  Q  T  R  P  I  F  R  D  E
Q  D  H  R  I  H (L  E  S  U  N  G) B  B  Y  H  S  C
L  R  A  U  O  L  M  N  R  B  D  C  N  A  S  D  D  Q
N  N  O  D  N  R  C  O  I  V  E  Y  A  I  H  G  N  X
```

3

+ Schade. Hast du vielleicht Lust auf Kino? Der neue Film von Til Schweiger läuft im Capitol.
− Den habe ich schon gesehen.
+ Wir können auch Billardspielen gehen.
− Ich habe keine Lust.
+ Soll ich Sofia und Carlos mal fragen, ob sie Lust auf einen Spieleabend haben?
− Ich habe Carlos gerade getroffen. Sie sind schon verabredet.

4

a) *Richtig:* 1, 2, 3 – *Falsch:* 4, 5, 6
c)
2. Die Gerichte, die nicht teuer sind, kann man auch mitnehmen.
3. Das Essen, das schnell gemacht ist, hat viele Kalorien.
4. Kritiker meinen, dass Menschen, die oft in einem Imbiss essen, nicht gesund leben.
5. Die Currywurst, die es in fast jedem deutschen Imbiss gibt, finden viele besonders lecker.

5

2. Unsere Hochzeitssuppe ist eine leichte Suppe, die wir mit etwas Rindfleisch kochen.
3. Ein Cordon Bleu ist Fleisch von einem jungen Rind, das man in einer Pfanne mit Schinken und Käse brät.
4. Das ist ein ganzer Fisch, den wir in Butter braten.
5. Das ist ein Dessert aus roten Früchten, das unsere Gäste sehr gerne bestellen.
6. Das ist ein Apfelkuchen, den wir warm mit etwas Sahne servieren.
b) *Vorschlag:*
+ Was darf ich Ihnen als Vorspeise bringen? Die Hochzeitssuppe oder den Sommersalat?
− Ich hätte gern die Hochzeitssuppe/den Sommersalat, bitte.
+ Sehr schön. Möchten Sie zum Hauptgericht das Cordon Bleu oder die Forelle Müllerin?
− Ich möchte das Cordon Bleu / die Forelle Müllerin.
+ Sind Sie zufrieden?
− Ja, danke, sehr gut.
+ Sie möchten ein Dessert? Nehmen Sie das Vanilleeis mit roter Grütze oder lieber den Apfelstrudel mit Sahne?
− Ich nehme das Vanilleeis mit roter Grütze / den Apfelstrudel mit Sahne.

6

2. Ist das der Portugiese, (*Akk.*) den du im Urlaub kennengelernt hast?
3. Wie findest du den neuen Mitbewohner, (*Akk.*) den ich dir gestern vorgestellt habe?
4. Ist das das Kind von Kathrin, (*Nom.*) das so gut Klavier spielen kann?
5. Darf ich vorstellen? Das ist die Frau, (*Akk.*) die ich beim Speed-Dating kennengelernt habe.
6. Ist das nicht der Student, (*Nom.*) der den Literaturpreis gewonnen hat?
7. Wer ist denn die da, (*Nom.*) die neben Thomas steht?
8. Das sind Güls Eltern, (*Nom.*) die zu ihrem Geburtstag aus Berlin gekommen sind.

7

1. Tisch und Stuhl	5. Nudeln oder Reis
2. Teller und Tasse	6. Weißwein oder Rotwein
3. Messer und Gabel	7. Fisch oder Fleisch
4. Salz und Pfeffer	8. Kaffee oder Tee

8

1. das Glas, die Gläser
2. der Tisch, die Tische
3. der Löffel, die Löffel
4. die Gabel, die Gabeln
5. die Tasse, die Tassen
6. die Serviette, die Servietten
7. das Messer, die Messer
8. der Teller, die Teller

9

a) Singular: mir, dir, ihm/ihm/ihr
Plural: uns, euch, ihnen / Ihnen
b) 2. Bringen Sie mir bitte eins?
3. Würden Sie ihr einen bringen?

4. Bitte bringen Sie uns zwei Gläser.

5. Geben Sie ihm eine neue, bitte?

6. Ich bringe Ihnen gleich die Rechnung.

10

a) c

b) 1. + Wie hat es euch geschmeckt?
   – Sie haben es zu lange gebraten.

2. + Ich wollte ihr zu ihrem tollen Dessert gratulieren.
   – Ich habe sie vor zwei Minuten noch in der Küche gesehen.

3. + Jetzt geht es mir nicht so gut.
   – Das hat mir auch schon oft geholfen.

4 + Meldest du mich auch an?
   – Natürlich melde ich uns im Internet an.

Leben in Deutschland

1

1d, 2e, 3b, 4X, 5f, 6h

2

1. Name: Bromberger – Vorname: Astrid – Straße: Wiesenstr. 12 – Wohnort: 60385 Frankfurt a. M. – Alter: 35 – Telefon privat: 069/2301555 – E-Mail: abromberger@gmx.de

2. Tischtennis, Handball, Volleyball, Gymnastik

3. bei (Kreditinstitut) Postbank

4. Gibt es auch Rückengymnastik und bieten Sie auch Kurse nur für Frauen an?

7 Vom Land in die Stadt

1

AniAna: 12, Lisl89: 3–4, Socke: 15–17, PIPU: 20–23, IRENEX: 13, DolceVita: 20

2

a) *Vorschläge:*

Vorteile: viel Natur und gute Luft, wenig Verkehr, Garten mit eigenem Gemüse, günstige Mieten, jeder kennt jeden, mehr Zeit für Hobbys

Nachteile: ein Garten macht viel Arbeit, man hat weite Wege und braucht ein Auto, es gibt wenig Jobs/Arbeit, immer weniger junge Leute, wenig Geschäfte, Banken, Schulen

b) *Vorschläge:*

Da haben wir uns ein Haus mit einem großen Garten gekauft. Das war nicht so teuer wie in der Stadt.

Der Einkauf- oder Arztbesuche waren ohne Auto auf dem Dorf ein großes Problem. Die Busverbindungen waren wirklich nicht gut.

Das ruhige Leben und der Wald direkt vor unserer Haustür haben uns und auch den Kindern immer sehr gefallen.

... und nicht so viel Verkehr.

In den Dörfern gibt es nicht so viel Arbeit und auch immer weniger Schulen und Einkaufsmöglichkeiten.

3

a) 1c, 2e, 3b, 4a, 5d

b) 1c

4

2. Aber in der Stadt lebt man nicht so ruhig wie in einem Dorf.

3. In den Städten gibt es mehr Verkehr als auf dem Land.

4. Oft sind die Busverbindungen auf dem Land schlechter als in der Stadt.

5. Die Mieten sind in der Stadt höher als auf dem Land.

6. Auf dem Land ist das Kulturprogramm nicht so attraktiv wie in einer Stadt.

7. In Kleinstädten ist das Freizeitangebot auch nicht viel schlechter als in der Großstadt.

8. In einem Dorf hat man nicht so viele unbekannte Nachbarn wie in der Stadt.

9. Der Weg zur Arbeit oder zum Einkaufen ist in der Stadt nicht so weit wie auf dem Land.

5

Das war eine gute Entscheidung, aber am Anfang war es für uns nicht so einfach. Wir hatten zuerst keinen Kindergartenplatz für unsere Tochter und wir hatten nur ein Auto.

Kai: ... und da war es früher schon nicht besser als in der Stadt. Sicher, wir hatten als Kinder viel Platz zum Spielen und unsere Nachbarn waren auch ganz nett. Ich meine ja auch nicht, dass alles schlecht war.

Meine Schulfreunde aus der Stadt waren im Kino, und ich habe zu Hause gesessen und das war furchtbar langweilig

Stefan: Naja, in dem Alter waren wir in Hamburg aber auch nicht oft im Kino. Ich hatte gar nicht so viel Geld! Aber ihr hattet auf dem Land doch schon Internet, oder?

Kai: Internet? Bei uns, damals? Ich war schon froh, dass ich fernsehen durfte ...

6

2. + Zum Glück konnte ich auch nach der Schule noch bei meinen Eltern wohnen.
   – Das war bei mir nicht möglich. Ich konnte nicht bei meinen Eltern wohnen, weil es auf dem Land keine Universitäten gibt.

3. + Durfte Tina eigentlich alleine leben?
   – Nein, sie durfte nicht alleine leben.

4. + Musstest du im Haushalt helfen, als du noch bei deinen Eltern gewohnt hast?
   – Ja, ich musste im Haushalt helfen.

5. + Wolltet ihr eigentlich schon immer aufs Land ziehen?
   – Nein, wir wollten nicht aufs Land ziehen.

7

a)

Vermieter: Guten Tag, haben wir für heute einen Termin gemacht?

Mieter: Ja, wir haben gestern telefoniert. Mein Name ist Schubert.

Vermieter: Ach so, dann kommen Sie bitte herein. Ich zeige Ihnen am besten zuerst die Wohnung. Es gibt drei Zimmer, eine kleine Küche und ein Bad.

Mieter: Wo ist das Schlafzimmer?

Vermieter: Das ist hier neben dem Wohnzimmer. Der Boden ist ganz neu.

Mieter: Der Teppich gefällt mir, aber es ist hier sehr laut. Da unten ist eine Baustelle, oder?

Vermieter: Ja, aber nachts ist es hier viel ruhiger. Da gibt es nicht so viel Verkehr.

Mieter: Na ja, die Busse fahren aber bis Mitternacht. Und wo ist das Badezimmer?

Vermieter: Das Bad ist gleich neben der Küche. Beide Räume sind schön hell. Interessieren Sie sich für die Wohnung?

Mieter: Ich finde Sie etwas teuer. In der Anzeige steht, die Wohnung kostet 770 Euro. Das ist die Warmmiete, oder?

Vermieter: Ja, das ist schon mit Nebenkosten. Was meinen Sie?

Mieter: Ich weiß nicht, die Wohnung ist für den Mietpreis wirklich nicht besonders groß. Ich rufe Sie vielleicht wieder an.

Vermieter: Dann müssen Sie sich aber beeilen! Eine Wohnung in dieser Lage kann schnell weg sein.

b) Anzeige 2

8

a) und b)

+ Guten Tag, Frau Müller. Mein Name ist Gumbrecht. Ich habe ihre Anzeige gelesen und möchte gerne wissen, ob die Wohnung noch frei ist.
– Ja, die Wohnung ist noch frei.
+ Das ist schön! Wissen Sie, ob es in der Nähe einen Park gibt?
– Ja, in nur fünf Minuten ist man im Volkspark.
+ Mich interessiert noch, ob zu der Wohnung ein Parkplatz gehört.
– Sie können für 80 Euro im Monat einen Parkplatz hinter dem Haus mieten.
+ Können Sie mir auch sagen, wie hoch die Nebenkosten sind?
– Ich glaube, dass der letzte Mieter 160 Euro im Monat bezahlt hat.
+ Das ist okay. Dann möchte ich gerne wissen, wann ich die Wohnung besichtigen kann?
– Passt es Ihnen am Freitag um 17 Uhr?
+ Ja, das passt. Dann komme ich am Freitag in die Goethestraße 11.
– Gerne. Die Wohnung ist im Erdgeschoss.
+ Vielen Dank! Auf Wiederhören. Bis Freitag.
– Auf Wiederhören, Herr Gumbrecht.

9

vor dem Fernseher – hinter der Tür – neben dem Regal – rechts neben dem Wohnzimmer - zwischen dem Arbeitszimmer und dem Bad – vor dem Fenster – links an der Wand – rechts neben dem Fenster

10

a) e – b – c – a – d – f
c) *Vorschlag:*
Kein guter Tag!
Bernds Mutter hat im Garten gearbeitet. Dann hat sie sich in den Finger geschnitten und Bernd ist in die Küche gegangen und hat ein Pflaster gesucht. Leider hat er sich am Schrank den Kopf gestoßen. Nach drei Stunden hatte er immer noch starke Kopfschmerzen und er ist mit seiner Mutter zur Ärztin gefahren. Dann waren sie wieder zu Hause, aber Bernd ist gefallen und hat sich die Hand gebrochen.

11

Ja: das Pflaster, die Schere, der Hustensaft, die Tabletten, die Salbe, das Nasenspray, der Verband
Nein: das Bier, der Löffel, die Brille, die Zahnbürsten

Leben in Deutschland

1

a) a3, b2, c5, d6, e1, f4
b) 1c, 2b, 3a, 4f, 5d, 6e

2

a) 1 Ana muss sich anmelden. 2. Vladimir muss sich abmelden.
b) 1 richtig – 2 falsch – 3 falsch

3

individuelle Lösung

8 Kultur erleben

1

a)

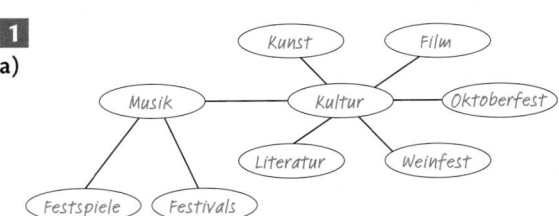

b) 1a, 2b, 3b, 4a, 5c, 6b, 7a

2

a) Foto a: Jazztage Dresden, Foto b: Stuttgarter Ballett, Foto c: Nationalzirkus aus China
b)
2. Max war im April auf dem Bachkonzert in Weimar.
3. Auf der Messe und der RoboCup WM in Leipzig war er im Juli.
4. Im August war er auf dem Museumsfest in Frankfurt.
5. Max war im Oktober im Nationalzirkus aus China in Hamburg.
6. Im November war er bei den Jazztagen in Leipzig.
c) Februar: Berlinale – März: Buchmesse in Leipzig – Juni: Theaterfestival in Köln – September: Oktoberfest

3

2. Ticket, 3. Galerie, 4. Unterkunft, 5. Zirkus, 6. Verein

4

a) 2f, 3e, 4g, 5d, 6a, 7b
b)
2. Früher war der Konzertbesuch ein seltenes und teures Erlebnis.
3. Als Goethe noch lebte, gab es nur wenige Verlage und keine öffentlichen Bibliotheken.
4. Vor 200 Jahren dauerten Reisen lange und waren anstrengend.
5. Um das Jahr 1800 gab es nur private Sammlungen.
6. Zu Goethes Zeiten hatten nur die Reichen elegante, französische Kleider.
7. Als Goethe noch lebte, durften Frauen nicht studieren.

5

a) Der Vater war gegen die Hochzeit von Hermann und Dorothea.

b)

2. Wo lebte Dorothea?
3. Wann lernte Hermann Dorothea kennen?
4. Was sagte Hermann seinen Eltern?
5. Wen sollte Hermann heiraten?
6. Wann durften sie heiraten?

6

1. W + H, 2. W+ H, 3. W + H, 4. W, 5. H, 6. W, 7. H, 8. W

7

a) waren – reiste – besuchte – machten

b) studierte – arbeitete – heiratete – lernte er … kennen – trennte – heiratete – hatten

c) lehrte – hatte – gründete – ausstellte – hatte – reise – durfte

8

2. Als Lyonel Feininger in Berlin war, arbeitete er für verschiedene Zeitungen als Zeichner.
3. Er trennte sich schon 1903 von seiner ersten Frau, als er Julia kennenlernte.
4. Walter Gropius holte Feininger 1919 nach Weimar, als er das Staatliche Bauhaus gründete.
5. Als er in Weimar arbeitete, war Feininger bis 1926 „Meister der Formenlehre".
6. Als er in Deutschland ab 1933 Probleme hatte, kehrte er 1937 mit seiner Familie nach New York zurück.

9

a) Er hat besichtigt: 1, 3 und 5

b) gut: 3 und 5; nicht so gut: 1

10

a) 1d, 2a, 3e, 4g, 5b, 6c, 7i. 8f, 9h

b) *Vorschlag:*

Ich buche meine Tickets immer/nie online.

Ich probiere sehr gerne Spezialitäten aus der regionalen Küche.

Wir gehen abends sehr selten ins Theater, weil wir lieber ins Kino gehen.

Hast du in München auch Museen und Galerien besucht?

Am Samstag habe ich mit meiner Mutter einen schönen Einkaufsbummel gemacht.

Ich gehe sehr oft im Park spazieren.

Ich schreibe keine Postkarten mehr, ich verschicke lieber Fotos mit meinem Handy.

Leider kann ich nicht jeden Morgen lange schlafen.

Leben in Deutschland

1

a) Sie sprechen über: 1, 2, 4 und 5

b) Samir: im Park, gegrillt und Fußball gespielt; mit der ganzen Familie

Anna: auf dem interkulturellen Straßenfest in der Wilhelmstraße, Tanz und Musik, viel gegessen; mit Mann und Kindern

2

1a, 2c, 3b, 4b, 5a, 6c

3

a)

1. *falsch:* Es ist offen für alle Bürgerinnen und Bürger.
2. *richtig*
3. *falsch:* Es gibt Nachhilfekurse in Englisch für Kinder und Jugendliche.
4. *richtig*

9 Arbeitswelten

1

a) 2.

b) 1 Q, 2 T, 3 T, 4 Q, 5Q, 6 T

c) 2 und 4 sind neu.

2

1. Gärtner arbeiten auf dem Feld und im Gewächshaus.
2. Architekten verbringen viel Zeit im Büro und auf dem Bau.
3. Landwirte haben im Stall und auf dem Feld immer viel Arbeit.
4. Die meisten Mechatroniker arbeiten in der Werkstatt oder in der Fabrikhalle.

3

a) 2. Medikamente bestellen – 3. Termine vereinbaren – 4. Telefonate führen – 6. Rechnungen schreiben – 6. mit Patienten reden – 7. den Ärzten helfen – 8. Informationen recherchieren

c) 7, 1, 4, 3, 5, 6

4

2. Beratung – 3. Bestellung – 4. Bewerbung – 5. Umschulung – 6. Ausbildung

5

1: Anschrift – 2: Abschluss – 3: Praktikum – 4: Kauffrau – 5: Berufserfahrung – 6: Medienhaus Weiss GmbH – 7: 07/2013-12/2015 – 8: Fremdsprachen

6

studierte – machte – suchte – hatte – arbeitete – lernte er … kennen – gab – wollten

7

a) 1: Berufsfahrung – 2: Umschulung – 3: Abschluss – 4: Betrieb – 5: Firma – 6: Teilzeit – 7: Studium – 8: Bewerbung – 9: Handwerk – 10: Angestellte – 11: Berufsschule – 12: Praktikum – 13: Lebenslauf – 14: Qualifikation – 16: Stellenanzeige

b) Ausbildungsplatz

8

a) und b)

2. Frau Nguyen macht eine Umschulung, denn sie <u>findet</u> in ihrem Beruf keine Arbeit.
3. Vladimir sucht einen Ausbildungsplatz, denn er <u>macht</u> im Juni seinen Schulabschluss.
4. Paul möchte im Sportmanagement arbeiten, weil er den Bereich <u>interessant findet</u>.

5. Mandy hat zwei Jahre nicht gearbeitet, weil sie eine Babypause <u>gemacht hat</u>.
6. Frau Gül liest die Stellenanzeigen, denn sie <u>sucht</u> eine Stelle als Bankkauffrau.

9
2. Hättest du jetzt einen Moment Zeit?
3. Könnten Sie am Montag auch um 10 Uhr kommen?
4. Könntet ihr morgen den Monitor zur Reparatur bringen?
5. Es wäre nett, wenn Sie mir einen Kaffee mitbringen könnten.
6. Ich habe mein Geld vergessen. Hättest du fünf Euro für mich?
7. Wir hätten gern die Rechnung.
8. Hätten Sie vielleicht die Telefonnummer von Frau Müller?

10
a) und b)
+ (2) Boll am Apparat. Was kann ich für Sie tun?
– (4) Guten Morgen. ...
+ Das ist richtig. Ihr Termin ist um (3) 15 Uhr.
– Ja, leider muss ich absagen, weil ich geschäftlich dringend nach (6) Wien muss.
...
– Gerne. Geht es nächsten Monat, zum Beispiel am (1) zwölften April um die gleiche Zeit?
+ Moment, da muss ich nachsehen. Das ist ein (5) Donnerstag. Ja, das geht.

11
a) 1a, 2b, 3c, 4c
b) 2. 2a, 3. 1b, 4. 1c, 5. 4c, 6. 2b, 7. 3b, 8. 2c, 9. 4a, 10. 1a, 11. 3c, 12. 4b

Leben in Deutschland

1
1. *richtig*
2. *falsch:* Kirchensteuer zahlen nur die Mitglieder der evangelischen oder katholischen Kirche.
3. *falsch:* Man muss dem Arbeitgeber Informationen geben: z. B. die Steuernummer, das Geburtsdatum, die Lohnsteuerklasse und die Anzahl der Kinder
4. *richtig*

2
a) Bruttogehalt – Netto – Steuerklasse – Kirchensteuer – Lohnsteuer – Krankenversicherung

10 Feste und Feiern

1
a) *richtig:* 3,4, 6 und 7
b) 2. Zeile 34-35, 3. Zeile 26-28, 4. Zeile 41-42, 5. Zeile 40-41, 6. Zeile 52-53, 7. Zeile 61-63
c) 2d, 3f, 4a, 5c, 6e

2
a) Foto a = Text 3 – Foto b = Text 1 – Foto c = Text 2
b) Helene Huber: zu Hause, alleine, Würstchen mit Kartoffelsalat, ein Familienfoto
Rainer Marx: zu Hause / in der Kirche, Araya / seine Freundin, ein Fischgericht, einen Pullover
Tina Gause: Seattle/ auf einer Party, Brüder und ihren Freundinnen, Spaghetti, Bücher
c) 1. Rainer – 2. Tina – 3. Helene – 4. Tine – 5. Helene – 6. Rainer – 7. Tina – 8. Rainer

3
Frühling: Ostern, Valentinstag
Sommer: Stadtfest, Weinfest
Herbst: Erntefest, Oktoberfest, Halloween
Winter: Weihnachten, Silvester, Karneval

4
1. Ostern – 2. Silvester – 3. Karneval

5
a) Herr Nominativ schenkt Frau Dativ einen Akkusativ.
b)
2. Max schenkt seiner Frau Ute eine Lampe.
3. Ute und Max schenken der Oma einen Sessel.
4. Ute schenkt ihrem Mann Max eine Gitarre.
5. Ute und Max schenken ihrem Sohn Jan ein Fahrrad.
6. Die Oma schenkt Ute und Max eine Pflanze.

6
a)
2. Hast du die Süßigkeiten [*Akk.*] schon gekauft?
3. Ich habe den Osterhasen [*Akk.*] noch nie gesehen.
4. Meine Tochter hat den Großeltern [*Dat.*] einen schönen Fotokalender gemacht.
5. Heute bereiten wir die Silvesterparty [*Akk.*] vor.
6. Schenken wir der Freundin [*Dat.*] von Jakob wieder ein Buch?
b)
2. Wo sind die Süßigkeiten? Hast du sie schon gekauft? Morgen ist doch Halloween!
3. Du glaubst an den Osterhasen? Ich habe ihn noch nie gesehen. Den gibt es gar nicht.
4. Den Großeltern hat das Geschenk gefallen. Meine Tochter hat ihnen einen Kalender gemacht.
5. Die Silvesterparty ist bei Konstantin. Heute bereiten wir sie vor. Hilfst du uns?
6. Jakobs Freundin hat bald Geburtstag. Schenken wir ihr wieder ein Buch?

7
1. gefällt – 2. gratulieren – 3. hilft – 4. schmeckt – 5. fehlst – 6. danke

8
2. Am Morgen nach der Feier waren die Gäste sehr müde.
3. Ich schenke meiner Freundin zum Valentinstag einen Ring.
4. Ich war gestern bei den Nachbarn von unten.
5. Johann bekommt jedes Jahr von seiner Oma Socken.
6. Wir möchten morgen aus dem Haus ausziehen.
7. Wir haben uns seit der Umzugsparty nicht gesehen.
8. Hast du wirklich mit dem Weihnachtsmann telefoniert?

9

a) Es regnet. Ich fahre ich mit dem Fahrrad in die Stadt. Ich nehme den Bus. Ich muss pünktlich an der Haltestelle sein. Ich gehe ganz schnell aus dem Haus. Ich habe mein Geld vergessen. Ich kann keine Geschenke kaufen.

b) 2. Wenn ich nicht mit dem Fahrrad in die Stadt fahre, nehme ich den Bus.

3. Wenn ich den Bus nehme, muss ich pünktlich an der Haltestelle sein.

4. Wenn ich pünktlich an der Haltestelle sein muss, gehe ich ganz schnell aus dem Haus.

5. Wenn ich ganz schnell aus dem Haus gehe, vergesse ich mein Geld.

6. Wenn ich mein Geld vergesse, kann ich keine Geschenke kaufen.

10

Ostern: das Ei, der Hase

Kindergeburtstag: das Geschenk, die Kerze, die Musik

Erntefest: der Tanz, der Umzug, die Musik

Silvester: der Tanz, der Sekt, das Feuerwerk, die Musik

11

1. b, 2. b, 3. a, 4. c, 5. c, 6. a

Leben in Deutschland

1

a) 1a, 2c, 3b

b) Religionsgemeinschaft – evangelisch – katholisch – Muslime – 28 Prozent

c) 1. c, 2. c, 3. c, 4. a, 5. b, 6. b

2

a) *Christen:* 06.01 Heilige Drei Könige, 25.03 Karfreitag, 27.–28.03. Ostern, 05.05 Christi Himmelfahrt, 15.–16.05 Pfing0sten, 26.05 Fronleichnam, 15.08 Mariä Himmelfahrt, 01.11. Allerheiligen, 24–26.12 Weihnachten

Juden: 24.03. Purim, 23.–30.04 Pessach, 12.06. Schawuot, 03.10 Rosch Haschana, 12.10 Jom Kippur

Muslime: 06.06–07.07 Ramadan, 07.–09.07 Fest des Fastenbrechens, 12.–15.09. Opferfest, 12.12 Geburtstag des Propheten Mohammed

Hindus/Buddhisten: 08.02 Chinesisches Neujahr, 09.02. Tibetisches Neujahr, 23.03 Holi, 08.04. Geburt des Buddha, 22.05. Vesak, 06.08. Chökor Düchen, 30.10 Diwali, 31.10. Hindu-Neujahr

Nicht-religiöse Feste: 14.02. Valentinstag, 08.03. Internationaler Frauentag, 01.05. Tag der Arbeit, 20.06.Weltflüchtingstag, 03.10 Tag der deutschen Einheit, 31.10 Halloween

11 Mit allen Sinnen

1

a) von oben nach unten:

3 – 5 – 1 – 4 - 2

b) Maskenbildner/in

c) Text 2

2

a) und b)

Dialog 2: Sie weint.- Dialog 3: Sie ist wütend – Dialog 4: Sie freut sich – Dialog 5: Sie erschreckt sich..

4

a) Unter dem Titel Das *Adlon. Eine Familiensaga* hat das Zweite Deutsche Fernsehen (ZDF) 2012 einen dreiteiligen Fernsehfilm produziert. Thema des Films ist die spannende Geschichte des Hotels und der Familie Adlon. Dazu haben die Autoren eine weitere Familie erfunden: die Schadts.

Nominativ: der Film   das Hotel   die Familie

Genitiv   des Films   des Hotels   der Familie

b)

der Freunde – des Kindes – der Tochter – der Großeltern – des Vaters – der Familien - des Films

c)

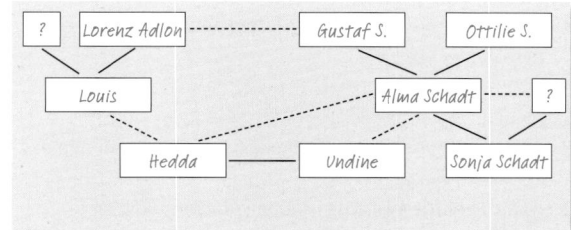

5

a)

2. Hast du heute Abend etwas [Sg.] Zeit für mich? Ich muss mal mit dir reden.

3. Du weißt für alle [Pl.] Probleme immer eine Lösung.

4. Manche [Pl.] Menschen sind nie zufrieden.

5. Meine Freundin hat leider nur wenig [Sg.] Interesse an Sport.

6. Einige [Pl.] Schauspieler aus dem Film kenne ich nicht.

7. Nur wenige [Pl.] Zuschauer interessieren sich für Tierfilme.

b) Singular: alles, etwas, wenig

Plural: alle, manche, einige, wenige

6

b)

2. Wo steht der Schreibtisch? / Wohin stellt er den Schreibtisch?

3. Wo hängt der Spiegel? / Wohin hängt er den Spiegel?

4. Wo liegen die Zeitungen? / Wohin legt er die Zeitungen?

7

1. in der Fernsehzeitung - oben auf den Fernseher

2. in die Küche? + Auf dem Tisch

3. vor den Fernseher. – vor dem Fernseher

4. auf das Sofa – in der Küche

8

a) 1: über – 2: auf / über – 3: auf / über – 4: auf – 5: über

b) 1. Ich habe mich über das Geburtstagsgeschenk von dir sehr gefreut. Danke!

2. Ich bin sauer auf den kleinen Bruder von Vladim. Er hat meine Kamera kaputt gemacht.

3. Manuela ist wütend auf die Nachbarn, weil sie schon wieder eine sehr laute Party feiern.

4. Ärgert ihr euch auch so über die neuen Eintrittspreise im Kino?
5. Wir freuen uns schon auf den nächsten Urlaub. Wir fahren nach Kenia.
6. Bist du traurig über das Ende der Fernsehserie?

9
a)
1. Carlos hat den Text, in dem es um zwei starke Frauen geht, noch nicht gelesen.
2. In den Kursen, in denen Anette unterrichtet, sind nicht alle Schüler blind.
3. Ihre Mutter, mit der sie Lippenlesen gelernt hat, hat Judith sehr geholfen.
4. Beim Tanzen sind ihre Füße, mit denen sie dunkle Töne fühlen kann, besonders wichtig.
5. Annette kann die Blindenschrift, in der es nur sechs Punkte gibt, lesen.
6. Die Finger, mit denen Blinde lesen, fühlen die Punkte auf dem Papier.

10
2. b Komödien sind Theaterstücke oder Filme, in denen das Publikum viel lacht.
3. d Die Gebärdensprache ist eine Sprache, in der sich Gehörlose unterhalten.
4. e Braille ist eine Schrift, mit der Blinde lesen und schreiben.
5. a Thriller sind Filme, in denen die Handlung ganz besonders spannend ist.

Leben in Deutschland

1
a) Sie sprechen über einen neuen Film und über Bewerberinnen.
b)
2. Meiner Meinung nach war der Film <u>ziemlich</u> langweilig.
3. Das sehe ich <u>ganz</u> anders.
4. Sie ist <u>wirklich</u> qualifiziert.
5. Wir sollten sie <u>unbedingt</u> einladen.
6. Ihre Bewerbung hat mich <u>absolut</u> überzeugt.
7. Frau <u>Mata</u> ist auch <u>sehr</u> qualifiziert.
c) *Zustimmung:* Das sehe ich auch so. / Da haben Sie recht. / Das ist ein guter Vorschlag.
Widerspruch: Ich weiß nicht. / Das sehe ich ganz anders. / Da muss ich Ihnen leider wiedersprechen.

2
a) Dialog 1: Foto d, Dialog 2: Foto c, Dialog 3: Foto b, Dialog 4: Foto e
b)
Entschuldigen Sie, aber ich warte schon länger.
Das darf doch nicht wahr sein!
Quatsch! Das war kein Tor.
Das geht nicht, Chef! Das ist unmöglich!
Regen Sie sich nicht auf!
Das muss ein Missverständnis sein.
Du spinnst wohl!
Lassen Sie mich bitte ausreden.

---

12 Ideen und Erfindungen

1
a) und b)
individuelle Lösung
c) 2d, 3c, 5a, 6e, 8b
d) 1 Eine große Flasche wird mit Wasser gefüllt.
  2. Ein rundes Loch wird in das Dach geschnitten.
  3. Die volle Flasche wird in die Öffnung gehängt.
  4. Die Sonne scheint auf das Wasser in der Flasche.
  5. Ein großer Raum unter der Öffnung ist bei Sonnenschein hell.
  6. Und das Beste ist: Diese Lampe kostet fast nichts!

2
a) 1b, 2c, 3a
b) 2 Zeile 9-10 – 3. neu – 4. Zeile 12-13 – 5. neu – 6. Zeile 16
c) 2. die Produktion – 3. die Präsentation – 4. die Entwicklung – 5. die Dauer – 6. die Erfindung – 7. der Verkauf – 8. der Schutz

3
2. Ein Radio braucht man, um Nachrichten zu hören.
3. Einen Herd braucht man, um Essen zu kochen.
4. Die Notrufnummer braucht man, um einen Notarzt zu rufen.
5. Ein Telefon braucht man, um seine Freunde anzurufen.
6. Eine Kaffeemaschine bracht man, um Kaffee zu kochen.

4
2. Meine Oma hat ein Radio, damit sie Nachrichten hören kann.
3. Wir haben uns einen Herd gekauft, damit wir Essen kochen können.
4. Speichern Sie die Notrufnummer in Ihrem Handy, damit Sie den Notarzt rufen können.
5. Wir haben ein Telefon, damit wir unsere Freunde anrufen können.
6. Ich brauche eine neue Kaffeemaschine, damit ich Kaffee kochen kann.

5
2. Kaffee wird in den Kühlschrank gestellt, damit er länger frisch bleibt.
3. Man schneidet Zwiebeln unter kaltem Wasser, damit man nicht weint.
4. Man gibt für ein paar Stunden etwas Backpulver und heißes Wasser in die Teetasse, um dunkle Stellen zu entfernen.
5. Wenn ein Gummibaum nicht mehr wächst, steckt man eine Aspirin in die Blumenerde, damit der Gummibaum wieder gesund wird.
6. Man stellt Rosen mit etwas Zucker in warmes Wasser, damit sie länger schön aussehen.

6
a) 1 Salz – 3. Milch – 4. Mehl – 5. Zucker – 6. Wasser – 7. Obst – 8. Schokolade – 9. Marmelade – Butter – 11. Ei
b) 1. 250 Gramm Zucker, Mehl
  2. Liter Wasser, Milch
  3. 1 Teelöffel Backpulver, Salz
  4. 2 Tafeln Schokolade

7

Backe, backe Kuchen, der Bäcker hat gerufen.
Wer will guten Kuchen backen, der muss haben sieben Sachen: Eier und Schmalz, Butter und Salz, Milch und Mehl, Safran macht den Kuchen gehl.

8

a) – gezeigt – geschrieben – hergestellt – gebaut – genannt – erfunden

b)

2. Diese große Maschine zum Rechnen wurde in einer kleinen Werkstatt gebaut.
3. Die ersten Rechenmaschinen wurden noch nicht Computer genannt.
4. Das Original wurde 1960 von der Firma Zuse hergestellt.
5. Im Jahr 1967 wurde die Z3 auf der Weltausstellung in Montreal gezeigt.
6. Eine der ersten Programmiersprachen wurde auch von Konrad Zuse entwickelt.
7. Alle seine Erfindungen, Patente und Vorlesungen wurden von 1936 bis 1995 von Konrad Zuse aufgeschrieben.

9

2. Wurdet ihr gestern auch vom Regen überrascht?
3. Wir werden am nächsten Freitag in Englisch getestet.
4. Wurdest du heute auch so oft gefragt, ob du meine Schwester bist?
5. Es werden heute viele Versuche gemacht, Texte mit Computern zu übersetzen.
6. Jedes Jahr werden auf internationalen Erfindermessen viele Neuheiten gezeigt.
7. Als Kind wurde ich oft von meinen Eltern zu meiner Oma gebracht.

10

a)

2. Ich möchte ein neues Computerprogramm, das Texte laut vorlesen kann.
3. Ich träume von einer elektrischen Zahnbürste, die beim Zähneputzen Musik macht.
4. Ich möchte eine Brille, mit der ich die Gedanken anderer Menschen lesen kann.
5. Ich wünsche mir Lebensmittelverpackungen, die man auch essen kann.
6. Ich möchte ein intelligentes Haus, in dem die Temperatur immer 22° Celsius ist.
7. Ich denke an ein System, das beim Autofahren den Weg beschreibt.
8. Ich wünsche mir Filme, in denen man die Handlung sieht, hört und riecht.

b) Das gibt es schon: 1, 2, 3 (für Kinder), 5, 6 und 7

1

Vorschlag:
Am meisten geben die Deutschen für Miete, Wasser, Strom und Gas aus. Für das Auto oder die öffentlichen Verkehrsmittel geben sie ca. genauso viel aus wie für Lebensmittel und für die Freizeit: etwas mehr als 150 Euro. Für das Haus oder die Wohnungseinrichtung geben sie etwas weniger aus als für Hotel- oder Restaurantbesuche. Kleidung und Schuhe sind genauso wichtig wie die Gesundheit. Für Internet und Smartphone geben sie jeden Monat fast 50 Euro aus. Am wenigsten wird für die Bildung ausgegeben. Vielleicht, weil die Schulen und Universitäten in Deutschland nichts kosten?

2

1. Man braucht seinen Pass.
2. Bücher, DVDs, CDs und eBooks.
3. In der Bibliothek kann man lesen, aber auch am Computer arbeiten.
4. Für Kinder gibt es Bücher und Spiele.

3

Rundfunkbeitrag – Fernseher – Gebühr – öffentlich-rechtlichen Rundfunkanstalten – Internet – Kabelfernsehen